CARL

Anja Ritterhoff
Petra Dechêne
Birgit Hertfelder
Christoph Illing
Eva Sommer

Basteln für Regentage

Tolle Ideen für Schulkinder

INHALTSVERZEICHNIS

Basteln für Regentage

Keine Langweile mehr bei schlechtem Wetter. Wenn die Regentropfen an die Scheiben prasseln, dann ist es besonders gemütlich am Schreibtisch zu sitzen und zu basteln. Und obwohl draußen alles grau ist, kann man drinnen Papier, Holz und alles Mögliche in bunten Farben bemalen.

Viele Bastelideen sind als Spielzeug oder kleine Helfer fürs Kinderzimmer gedacht. Spezielle Ideen für Jungs und für Mädchen sorgen dafür, dass für jeden das Richtige dabei ist. Mit den Bastelideen durchs Jahr kann die Wohnung hübsch dekoriert werden.

Viel Spaß
beim Basteln!

Schwierigkeitsgrad

- ʘ einfaches Motiv
- ʘʘ etwas schwierigeres Motiv
- ʘʘʘ anspruchsvolles Motiv

Tipps

Sie finden in diesem Buch zahlreiche Tipps und Tricks, damit Ihnen das Basteln noch mehr Spaß macht. Orientieren Sie sich bitte an den folgenden Symbolen:

Bastel-Tipp

Oft sind es nur ein paar kleine Handgriffe, die das Arbeiten leichter machen. Diese Kniffe verraten wir Ihnen bei den Bastel-Tipps.

Variations-Tipp

Das Modell sieht auch in einer anderen Farbe oder mit anderen Materialien toll aus? Bei den Variations-Tipps finden Sie Vorschläge, wie Sie das Modell abändern können.

Anwendungs-Tipp

Sie suchen ein Modell, das z. B. gut als Geschenk geeignet ist, oder Sie überlegen, wie und wofür Sie das Modell hinterher verwenden können? Dann helfen Ihnen die Anwendungs-Tipps weiter.

Einkaufs-Tipp

Wo bekomme ich was? Die Einkaufs-Tipps verraten, wo Sie am besten bestimmte Materialien einkaufen, damit Sie nicht stundenlang in verschiedenen Geschäften danach suchen müssen.

Spiel-Tipp

Hier erfahren Sie, welche Spiele mit dem gebastelten Objekt möglich sind, oder wie die Spielregeln lauten.

GRUNDAUSSTATTUNG

Diese Materialien und Werkzeuge brauchen Sie bei den meisten Bastelideen. Sie sind in den einzelnen Materiallisten nicht mehr genannt.

- abgerundete und spitze Kinderschere
- Bastelkleber, UHU Alleskleber, Klebestift
- weicher Bleistift
- Radiergummi
- Bleistiftanspitzer
- Maßband, Lineal
- Transparentpapier (Architektenpapier)
- dünner Karton für Schablonen
- Haarpinsel, Größe 6 bis 10
- Fineliner und Permanentmarker in Schwarz
- leere, flache Plastikschälchen, z. B. Frischkäseverpackung
- große Wasserbehälter, z. B. Joghurtbecher oder Gurkenglas
- Zeitungspapier zum Unterlegen
- Papierküchentücher, Baumwolllappen

HINWEIS

- Mit „Rest" ist immer ein Stück gemeint, das maximal die Größe A5 hat.

So geht es

Farben

Acrylfarbe, Dispersionsfarbe oder Temperafarbe können Sie für Papier, Karton und Holz beliebig austauschen. Die Farben sind in verschiedenen Größen erhältlich, wasserlöslich und lassen sich gut mischen.

Zum Bedrucken oder Bemalen von Textilien eignen sich Stoffmal- und Druckfarbe am besten. Die Farben bitte nach Herstellerangaben fixieren und auch beim Waschen auf die vom Hersteller empfohlene Waschtemperatur achten.

Schablonen

Das Transparentpapier auf die Vorlage legen und alle Motivteile mit Bleistift abpausen.
Transparentpapier auf einen dünnen Karton kleben und die einzelnen Motive sorgfältig ausschneiden.
Die auf diese Weise entstandenen Schablonen auf das entsprechende Papier legen und mit dem Bleistift umfahren.

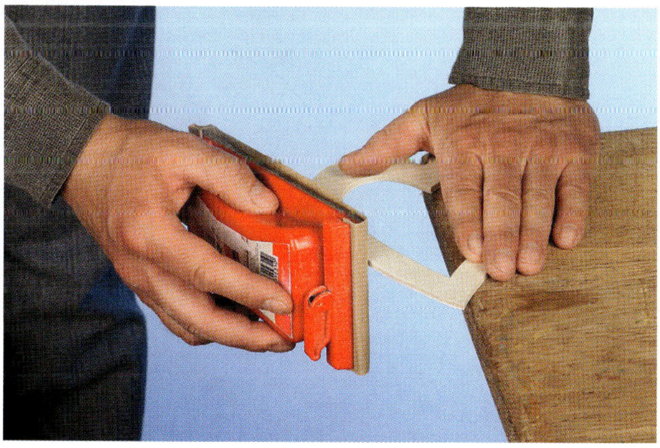

Holzarbeiten

1 Für die Holzarbeiten reicht eine Laubsäge. Nach dem Sägen die Ränder mit der Holzfeile leicht abrunden und evtl. korrigieren. Erst mit dem groben, dann mit dem feinen Schleifpapier glätten. Danach die Bohrungen mit dem Nagelbohrer anbringen oder Erwachsene bohren mit der Bohrmaschine.

2 Die ausgesägten Motivteile mit einem breiten Haarpinsel bemalen, für die feinen Malarbeiten stets mit einem spitzen Bleistift schwach vorzeichnen. Die Linien anschließend mit dem sehr feinen schwarzen Filzstift nachziehen.

3 Anschließend die Einzelteile anleimen. Sehr nützlich ist schnell trocknender Leim, der schon nach wenigen Minuten trocken ist.

WERKZEUG
- Laubsäge mit Sägeblättern für Holz
- 80er und 140er Schleifpapier
- Holzfeile
- Klarlack
- Holzleim

Filzen

Arbeitsplatz

Kleine Filzarbeiten können am Spülbecken, auf einem Backblech oder auf einem Plastiktablett ausgeführt werden. Überschüssiges und abgekühltes Wasser immer wieder abgießen.
Zum Filzen wird Seifenlauge benötigt. Dafür in einen Liter heißes Wasser einen Löffel Schmier- oder Olivenölseife geben und gut mit der Hand oder einem Kochlöffel verrühren. Die Seifenlauge sollte nur so heiß sein, dass es für Ihre Hände gerade noch angenehm ist.

MATERIAL

- Wasserkocher
- Schmierseife oder Olivenölseife
- Schüssel oder Backblech
- Unterlage, z.B. Tablett oder Backblech
- Handtücher
- Stoffschere
- dünnes PVC, grobes Leinen (für Schablonen)

Filzwolle

Zum Filzen können Sie kardierte, d.h. bereits gekämmte Vlieswolle oder Wolle im Kammzug verwenden. Vlieswolle besteht aus mehreren aufeinander geschichteten Lagen, die in Breite und Anzahl je nach Anbieter variieren. Die Wolle ist nicht ganz sauber gekämmt, so dass noch Faserknötchen und Schmutz eingeschlossen sein können.
Wolle im Kammzug, auch Strangwolle genannt, wird länger als Vlieswolle gekämmt und die Fasern – ca. 8 cm bis 10 cm lang – zeigen alle in eine Richtung. Der Kammzug ist völlig frei von Verunreinigungen und Faserknöllchen.

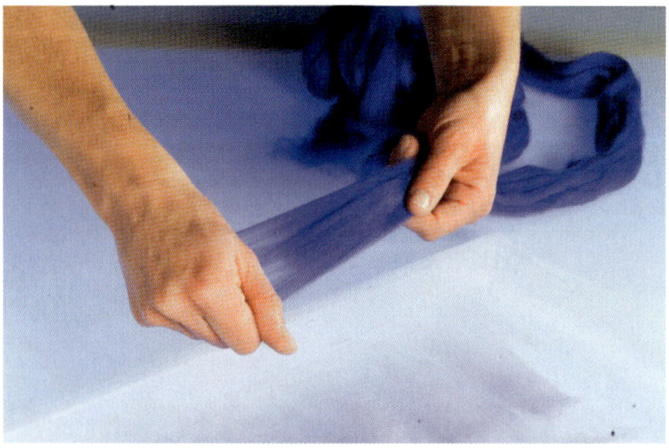

Wolle im Kammzug auszupfen und auslegen

Zum Auszupfen aus langfasriger Strangwolle den Strang locker mit einer Hand ca. 10 cm bis 15 cm entfernt vom Ende halten und mit der anderen Hand nur die Spitzen der Wollfasern greifen. Dabei nicht mit spitzen Fingern zupfen (das ergibt einen ungleichmäßigen Filz), sondern die Fasern zwischen Fingern und Handballen greifen.

Um Flächen auszulegen, kleine einzelne Bäusche aus dem Kammzug zupfen und dachziegelartig auslegen, d.h. die einzelnen Bäusche liegen leicht überlappend aufeinander. Die darauf folgende Schicht um 90° gedreht genauso auflegen. Immer mindestens zwei versetzt aufeinander gelegte Schichten auslegen, sonst wird der Filz zu dünn und löchrig.

Hohlkörper filzen

Hohlkörper werden mithilfe einer Schablone gefilzt, die die Wollschichten voneinander trennt. Nach dem Filzen wird der Filzkörper aufgeschnitten und die Schablone entfernt, bevor gewalkt wird. Als Material für die Schablone eignen sich alle wasserfesten Materialien, die selbst nicht verfilzen und die Filzwollfasern nicht einfilzen, z. B. Noppenfolie, PVC-Bodenbelag, grobes Leinen, Leder oder Baufolie. Das Material sollte außerdem so fest sein, dass Sie die Kanten gut durch die Wollschichten erspüren können.

1 Vlieswolle am besten direkt vom Wickel ausreißen. Die Schablone auflegen und mit etwas Abstand die Wollfasern darum herum abreißen. Dieses Wollstück wird zweimal benötigt. Außerdem werden zwei Wollstücke benötigt, die kleiner als die Schablone sind (Maßangaben der Abstände siehe Modellanleitung). Die kleinen Wollstücke gleichen den doppelten Rand aus, der durch das Umklappen der Vliesstücke auf die Schablone entsteht. Ein großes Wollstück auf die Unterlage legen und mit heißem Seifenwasser begießen, dabei müssen die äußeren 3 cm bis 5 cm Filzwolle trocken bleiben. Das aufgegossene Wasser durch Niederdrücken mit der flachen Hand etwas verteilen.

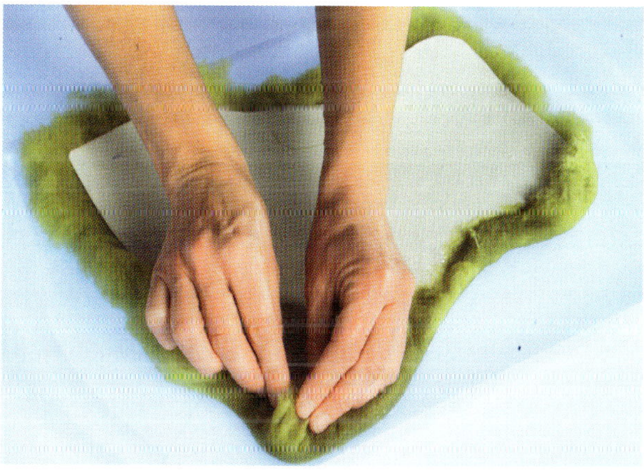

2 Nun die Schablone auflegen, die trockenen Ränder darüber klappen (siehe Foto oben) und auf die Schablone drücken ohne oft darüber zu streichen, sonst verbindet sich die Wolle nicht mehr gut. An den Ecken muss die Wolle in Falten gelegt werden, ggf. einige Fasern herauszupfen. Dann die Ränder mit Seifenlauge begießen, dabei gut auf die Schablone drücken.

3 Ein kleines Mittelstück auflegen und etwas Seifenlauge darüber gießen, damit es nicht verrutscht. Das zweite große Vliesstück darüber legen. Über alles Seifenlauge geben und diese mit der flachen Hand gut verteilen. Der Rand muss wieder trocken bleiben! Die Filzarbeit umdrehen, das geht gut mit einer zweiten Unterlage. Wieder die Ränder umschlagen, mit etwas Wasser fixieren und das zweite kleine Vliesstück auflegen. Alles gut anfeuchten.

4 Nun langsam anfangen zu filzen, das heißt leichte Rüttelbewegungen durchführen. Damit die Ränder nicht zusammenfilzen, die Filzwolle von allen Seiten immer wieder eng an die Schablone heranziehen. Dadurch entstehen in der Mitte viele Falten, diese mit der flachen Hand mit etwas Druck wieder herausstreichen. Wenn die Oberfläche auf der ersten Seite geschlossen ist, die Arbeit umdrehen und die andere Seite ebenso filzen.

5 Wenn die Filzarbeit eng um die Schablone liegt und sich beim Zusammenschieben kaum noch Falten bilden, diese an der oberen Kante aufschneiden und die Schablone herausziehen. Anschließend den Hohlkörper walken, bis er die gewünschte Größe hat, dann über ein Windlichtglas o. Ä. ziehen und unter Zugabe von Seifenlauge ausformen. Zuletzt ausspülen und trocknen lassen. Zum Durchtrocknen vom Glas abziehen.

SPIEL & SPASS

Etwas selbst gebasteltes ist immer etwas Besonderes. Toll ist es, Spielideen und kleine Helfer zu basteln, denn man kann sie danach gut verwenden. Dekoideen machen das Kinderzimmer individuell und eignen sich prima als Geschenk.

Tierische Stifteboxen

→ Kuh und Schaf

1 Höhe und Breite der Dose mit einem Maßband messen und entsprechend auf weißem Tonpapier bzw. flauschigem Velourspapier mit Lineal aufzeichnen und abschneiden.

2 Für die Kuh auf schwarzem Tonpapier die Flecken aufzeichnen, ausschneiden und auf dem weißen Tonpapier des Körpers gleichmäßig verteilen und aufkleben. Das fertige Teil um die Dose kleben.

3 Den Kuhschwanz aus weißem Tonpapier ausschneiden, die Schwanzspitze aus schwarzem. Diese unten an den Schwanz mit Alleskleber fixieren. Den Schwanz oben an der Dose und unten am Schwanzende aufkleben; der Rest steht ab.

4 Die jeweiligen Kopfteile für Kuh und Schaf auf weißes, graues und rosafarbenes Tonpapier übertragen und ausschneiden. Beim Schaf für den Bauch und die Kopfwolle weißes Velourspapier nehmen. Den Kopf zusammenkleben und mit schwarzem Fineliner das Gesicht aufzeichnen. Ohren und Bäckchen mit rotem Buntstift gestalten. Die Hörner mit braunem Filzstift ausmalen.

5 Den weißen Steg, ca. 2 cm breit und 6 cm lang, aus Fotokarton schneiden und hinter den fertigen Kopf und auf den Rücken kleben. Hierdurch wird der Kopf an der Dose befestigt.

6 Die rosafarbenen Füße von Kuh und Schaf aufzeichnen und ausschneiden. Die beiden Teile der unteren Füße zusammenrollen und zusammenkleben. Beim Schaf die Füße kleiner zusammenrollen. Alle Teile mit Alleskleber an die vorgesehene Stelle kleben.

MOTIVHÖHE
ca. 15 cm bzw. 17 cm

MATERIAL
- leere, saubere Konservendosen, ø ca. 8 cm bzw. 9 cm
- Tonpapier in Weiß, A4
- Tonpapierreste in Schwarz, Grau und Rosa
- Velourspapier in Weiß, A4
- Fotokartonrest in Weiß
- Filzstift in Braun
- Buntstift in Rot

VORLAGE SEITE 70

Variations-Tipp

Wer die Tiere etwas stabiler haben möchte, kann für Kopf und Füße auch Moosgummi (2 mm stark) verwenden. Kuh und Schaf kann man auch mit Süßigkeiten verschenken.

Smiley

→ lustige Filzbälle

MOTIVHÖHE
ca. 6 cm

MATERIAL FÜR ALLE FÜNF KUGELN

- Vlieswolle in Pink, ca. 14 g
- Vlieswolle in Orange meliert, ca. 18 g
- Vlieswolle in Gelb, ca. 16 g
- Vlieswolle in Blau, ca. 16 g
- Vlieswolle in Rose, ca. 19 g
- Vlieswollereste in Schwarz
- Reste von unkardierten Wolllocken
- Filznadel

1 Nach Grundanleitung auf Seite 6 vorgehen. Am Beispiel des pinkfarbenen Smiley wird die Vorgehensweise erklärt. Ungefähr 10 g der Vlieswolle als länglichen Streifen (ca. 5 cm breit) zurechtzupfen und an einem Ende einen Knoten einknoten.

2 Um diesen Knoten wird das restliche Vlies in alle Richtungen gewickelt und zwar so fest wie es geht.

3 Die Kugel festhalten und in die Seifenlauge tunken, bis keine Bläschen mehr aufsteigen. Dabei die Hände schützend, aber locker darum herum halten.

4 Auf unschöne Stellen die restlichen 4 g der Wolle als kleine Flöckchen aufbringen.

5 Die sehr nasse Kugel vorsichtig in den Händen rollen, anfangs mit wenig Druck, dann mit immer mehr Kraft rollen.

6 Wenn die Kugel die gewünschte Festigkeit erreicht hat, die Seife ausspülen und die Kugel auf der Heizung auf einem Handtuch trocknen lassen.

7 Mit einer mittleren Filznadel die Augen und den Mund aufnadeln. Dafür lockere, dünne Wollstränge leicht formen, auflegen und mit der Filznadel entlang dieser Linie einstechen.

Spiel-Tipp

Mit diesen Bällen kann man super jonglieren.

Kugelarmband

→ kuschelig

MOTIVHÖHE
ca. 2 cm

MATERIAL

- Vlieswolle in Gelb, Hellgrün, Blaugrün, Mittelgrün und Wasserblau, insgesamt ca. 10 g
- Fadengummi in Grün, ca. 20 cm lang
- Stopfnadel

1 Nach Grundanleitung auf Seite 6 vorgehen. Damit die Kugeln etwa gleich groß werden, sollten die einzelnen Wollsträhnchen vorher alle nebeneinander hingerichtet werden.

2 Die kleinen Kugeln werden wie die Kugeln für den Smiley aufgebaut und gefilzt. Wichtig ist hier jedoch, dass die Kugeln ausreichend fest gefilzt werden, damit man an dem Armband auch lange Freude hat.

3 Nach dem Auswaschen und Trocknen werden die Kugeln mit Hilfe einer Stopfnadel auf einen ca. 20 cm langen, grünen Fadengummi gefädelt und am Arm auf die richtige Länge angepasst.

Bastel-Tipp

Der Vorgang gleicht dem Aufwickeln von Wolle zu einem runden Wollknäuel. Die Kugel sollte ca. ein Drittel größer als das gewünschte Endmaß sein, denn die Wolle schrumpft beim Filzen.

Dinofüße

→ geschickt größer werden

MOTIVHÖHE
ca. 12 cm

MATERIAL
- 2 Würstchendosen, ø ca. 10 cm, ca. 12 cm hoch
- Paketband
- Zeitungspapier
- Tapetenkleister
- Fingerfarbe in Grün, Dunkelgrün und Gelb
- Hammer
- großer Nagel

1 Den Tapetenkleister nach Anleitung auf der Packung anrühren. Nach dem Quellen evtl. noch Wasser hinzufügen.

2 Die Dose zuerst einkleistern und dann mit Zeitungspapierschnipseln bekleben. Die Krallen vorformen und dann mit Kleister nach Abbildung im unteren Dosenbereich ankleben.

3 Zur Stabilität nochmals ringsherum Schnipsel kleben. Die Schnipsel mindestens einen Tag trocknen lassen.

4 Die Zehenspitzen mit gelber und die Füße mit grüner Fingerfarbe bemalen und wieder trocknen lassen. Die Schattierungen mit Dunkelgrün aufmalen.

5 Von einem Erwachsenen mit Hammer und Nagel jeweils zwei Löcher pro Dose seitlich einschlagen lassen. Die Bänder auf Hüfthöhe des Kindes anpassen, doppelt legen und die Enden in die Löcher einknoten.

Spiel-Tipp

Mit diesen Dinofüßen kann man an Kindergeburtstagen lustige Wettrennen oder kleine Hindernisläufe veranstalten. Dazu noch ein anderes Paar Füße in einer anderen Farbe bemalen und zwei Gruppen gegeneinander antreten lassen.

Zauberstab

→ für kleine Zauberer

MOTIVHÖHE
ca. 25 cm

MATERIAL
- Sperrholzrest, 4 mm stark
- Rundholzstab, ø 1 cm, ca. 20 cm lang
- Acrylfarbe in Rot und Gelb, bzw. Rot, Gelb, Grün, Hellgrün und Violett
- ggf. Glitter in Purpur
- ggf. Glittersternchen in Gold, ø 6 mm und 11 mm
- ggf. Chenilledraht in Gold, 30 cm lang
- Schraubstock, Schraubzwingen

VORLAGE SEITE 71

1 Den Stern nach Anleitung auf Seite 5 übertragen, aussägen und mit feinem Schleifpapier abschmirgeln. Mit den gewünschten Farben bemalen. Beim bunten Stab jede Spitze mit einer anderen Farbe. Den Glitzerstab gelb bemalen. Nach dem Trocknen an den Spitzen und in der Mitte Alleskleber auftragen und mit rotem Glitter bestreuen. Deko-Sternchen aufkleben und trocknen lassen.

2 Den Rundstab nach 2 cm Länge einkerben, bis zur Mitte des Stabes durchsägen. Oben, bei Draufsicht, in der Mitte bis zur Einkerbung durchsägen, siehe Skizze. Den Stab hierbei am besten im Schraubstock einspannen, damit man beim Sägen nicht abrutscht. Das Einkerben sollte ein Erwachsener übernehmen. Holzleim auftragen und den Stern auflegen, mit Schraubzwingen fixieren, dabei Holzreste als Druckschutz dazwischen legen, und über Nacht eingespannt lassen.

3 Den Holzstab gestalten. Zum Beispiel den Stab mit gelber Farbe bemalen und nach dem Trocknen mit goldenem Chenilledraht umwickeln. Diesen oben und unten einmal um den Stab winden und mit Alleskleber befestigen.

Bastel-Tipp

Den Glitter mit Haarlack übersprühen, der hält dann wie leichter Lack.

Zaubertüte

→ mit Zaubertrick

MATERIAL
- Aluminiumfolie in Gold oder Rot mit Sternchen, A4
- Geschenkpapier oder Universalpapier, A4
- kleine Münze oder anderer flacher, kleiner Gegenstand zum Zaubern

VORLAGE SEITE 71

1 Aus dem Goldpapier ein Rechteck in der Größe von 30 cm x 15 cm zuschneiden. Nach Anleitung falten, dabei die Faltskizzen auf Seite 71 beachten.

2 Einmal die Breite falten, so dass ein Quadrat entsteht. Das Quadrat wieder öffnen (Skizze A). Die linke untere Ecke bis zum gefalteten Mittelbruch nach oben, die rechte obere Ecke zum Mittelbruch nach unten falten (Skizze B+C).

3 Nun die obere linke Ecke nach unten, die rechte obere Ecke nach oben falten, sodass wieder ein Quadrat entsteht (Skizze D).

4 Die linke Ecke zur rechten Ecke falten (Skizze E).

WEITERFÜHRUNG

Zaubertüte

5 Die in der Mitte liegende linke Spitze, die nach unten offen ist, oben in die rechte Öffnung stecken (Skizze F).

6 Es ist eine Tüte mit zwei gleichen Öffnungen entstanden.

7 Mit einem ausgeschnittenen oder ausgelochten, andersfarbigen Sternchen verzieren.

Spiel-Tipp

Der Zaubertrick: In eine der beiden gleich aussehenden Öffnungen wird eine kleine Münze gesteckt, die Tüte wird unauffällig gedreht, die andere Öffnung gezeigt. Die Münze ist verschwunden und wird dann wieder „hergezaubert“.

Traumhaus

→ als Schlüsselbord

ab 8 Jahre

MOTIVHÖHE
ca. 23 cm

MATERIAL
- Sperrholz, 4 mm stark, 22 cm x 25 cm
- Acrylfarbe in Karminrot, Mittelgelb, Gelber Ocker, Himmelblau, Grasgrün, Schwarz und Weiß
- Bohrmaschine und Holzbohrer, ø 1 cm
- 5 Rundholzstäbe, ø 1 cm, 3,5 cm lang

VORLAGE SEITE 71

1 Das Motiv und die Einzelteile nach Anleitung auf Seite 5 auf das Sperrholz übertragen und aussägen. Die Fläche und besonders die Ränder abschmirgeln.

2 Alle Einzelteile weiß grundieren.

3 Die Wiese aufleimen und die Löcher für die Holzstifte von einem Erwachsenen bohren lassen. Die Bohrlöcher mit einem Röhrchen aus Schleifpapier etwas schmirgeln.

4 Die Fenster, den Zaun und die Tür aufzeichnen und ausmalen. Die Rahmen und Dächer wie abgebildet bemalen.

5 Türrahmen, Fensterrahmen und Dächer aufleimen.

6 Die Holzstifte mit etwas Leim einkleben.

Anwendungs-Tipp

Das Traumhaus kann man auch prima als Adventskalender verwenden. Einfach 24 Päckchen an den Holzstäben aufhängen. Dabei darauf achten, dass die Geschenke nicht zu schwer sind.

Witzige Bilderrahmen

→ bunt bedruckt

MOTIVHÖHE
ca. 20 cm

MATERIAL
- Fotokarton in Gelb, Orange oder einer anderen hellen Farbe
- Acrylfarbe in Orange, Gelbgrün, Lila und Schwarz
- kleine Moosgummiplatte oder Moosgummireste
- evtl. Weinkorken
- Foto, ca. 10 cm x 13 cm
- Fotokleber

VORLAGE SEITE 72

1 Den Umriss, 18 cm x 40 cm, zuschneiden und auf der Hälfte der langen Seite umfalzen. Für den Ausschnitt mittig einen 9 cm x 12 cm großen Rahmen ausschneiden.

2 Zeitungspapier als Unterlage ausbreiten und innen in den Bilderrahmen legen, damit die Innenseite beim Drucken nicht beschmutzt wird.

3 Das Motiv nach Abbildung oder ganz individuell auf die Moosgummiplatte übertragen und ausschneiden. Die gewünschte Farbe mit dem Haarpinsel auftragen. Die Form auf die vorgesehene Stelle legen, das ganze Motiv fest andrücken und vorsichtig wieder abziehen.

4 Nach jedem Druck neu Farbe auftragen. Bei Farbwechseln das Moosgummimotiv mit Wasser abwaschen und mit Papierküchentuch trocknen.

5 Die Motive auch über die Bilderrahmenränder hinausdrucken, sodass man nur Stücke von ihnen sieht. An manchen Stellen die Stempel etwas übereinander drucken, das sieht interessanter aus.

6 Das Foto mit Fotokleber hinter den Bildausschnitt kleben. Den Rahmen am Bug knicken und aufstellen.

Bastel-Tipp

Die Moosgummistempel kann man auch auf einen Weinkorken kleben, dann bekommt man sie nach dem Drucken wieder besser vom Untergrund ab. Trotzdem mit den Fingern abstehende Teile andrücken. Achtung! Nicht jeder Klebstoff eignet sich für Moosgummi!

Gefilzte Täschchen

→ mit Blumen, Fischen, Schmetterlingen

MOTIVHÖHE
ca. 9 cm bzw. 24 cm

MATERIAL SCHMETTERLINGE
- Vlieswolle in Hellblau, ca. 19 g
- Vlieswollereste in Gelb, Grau und Lila
- Stickgarn in Schwarz (Fühler)
- Sticknadeln
- Reißverschluss in Helllila, 16 cm lang
- Nylonfaden
- Nähnadel

BLUMEN
- Vlieswolle in Weiß, 90 g, und in Grün, 15 g
- Strangwolle in Grün, 15 g, ca. 1,2 m lang
- Vlieswollereste in Rosa, Weinrot, Pink und Gelb
- Reißverschluss in Pink, 30 cm lang
- Nylonfaden
- Nähnadeln

FISCHE
- Vlieswolle in Blaugrün, ca. 19 g
- Vlieswollereste in Rot, Orange, Schwarz und Grün
- Stickgarn in Schwarz (Fischaugen)
- Sticknadeln
- Reißverschluss in Orange, 16 cm lang
- Nylonfaden
- Nähnadel

VORLAGE
SEITE 70+72

1 Nach Grundanleitung „Hohlkörper filzen" auf Seite 7 vorgehen. Die Schablone nach der Vorlage zurechtschneiden. Zwei ca. 2 cm größere Vliesstücke als die Schablone ausreißen und zwei ca. 1,5 cm kleinere Vliesstücke als die Schablone ausreißen.

2 Ein größeres Vliesstück auf das Tablett legen und in der Mitte mit Seifenlauge anfeuchten. Dabei die Ränder trocken lassen.

3 Die Schablone auf die Wolle legen und die trockenen Ränder nach oben auf die Schablone klappen.

4 Eins der kleinen Vliesstücke in die Mitte der Schablone legen, etwas anfeuchten und dann das zweite größere Vliesstück drauflegen, angießen und das Ganze umdrehen.

5 Die trockenen Ränder wieder umklappen und als letzte Schicht das zweite kleine Vliesstückchen darauflegen.

6 Nachdem das Ganze gut befeuchtet wurde, wird das Muster aufgelegt. Dabei ist zu beachten, dass die Wolle trocken aufgebracht wird.

7 Wenn alle Wolle aufgebracht wurde, langsam anfangen zu filzen, indem man die Hände vorsichtig auf die Wolle legt und kleine Rüttelbewegungen durchführt. Wenn die Kinder noch sehr klein sind, ist es sinnvoll, ein Stück Plastikfolie über die Wolle zu legen, damit das Muster nicht zu sehr verschoben wird.

8 Wenn die Wolle eng um die Schablone liegt, kann an der Oberkante aufgeschnitten und die Schablone entfernt werden.

9 Die Kanten von innen nachbearbeiten, dann vorsichtig anfangen zu walken, das heißt, das Filzstück wie einen Hefeteig leicht kneten. Dabei aber immer wieder kontrollieren, ob der Beutel innen nicht zusammenfilzt.

10 Wenn der Beutel die gewünschte Größe erreicht hat, in Form ziehen und ausspülen, anschließend auf einem Handtuch trocknen lassen.

11 Den Reißverschluss mit durchsichtigem Nylonfaden einnähen, die Fische bekommen noch Augen, die Schmetterlinge Fühler.

12 Für den Träger bei der Blumentasche einfach nach der Anleitung auf Seite 25, Schnüre filzen, vorgehen.

Variations-Tipp

Die Täschchen können noch zusätzlich mit Perlen verziert werden.

Gestreifte Clowns

→ als Lesezeichen

MOTIVHÖHE
ca. 17 cm

MATERIAL
- Fotokarton in Blau-Rot bzw. Grün-Weiß gestreift, je 17 cm x 8 cm
- Fotokartonrest in Hautfarbe
- Tonpapierreste in Weiß, Grün, Orange bzw. Braun und Dunkelorange
- Wollreste mittlerer Stärke in Gelb, Rot oder Orange und Schwarz
- je 1 Pompon in Rot, ø 1 cm
- dicke Stopfnadel
- Buntstift in Rosa
- Filzstift in Grün bzw. Blau

VORLAGE SEITE 73

1 Die einzelnen Teile für Halskrause, Mundpartie und Schuhe auf entsprechendes Tonpapier, das Gesicht auf hautfarbenen Fotokarton und das Kleid auf den gestreiften Fotokarton übertragen und ausschneiden.

2 Die weiße Mundpartie auf das Gesicht kleben, den roten Pompon mit Alleskleber als Nase anbringen und mit schwarzem Filzstift Augen und Mund aufzeichnen. Für die Augenstriche farbige Filzstifte verwenden.

3 Die Halskrause auf das Kleid kleben, den Kopf ankleben und die Schuhe links und rechts unten am Kleid mit Alleskleber anbringen. Schuhbänder aufmalen und die schwarzen Striche für die Arme aufmalen.

4 Mit der spitzen Nadel die vorgezeichneten Löcher am Kopf einstechen. Ein langes Stück Wolle durch das Nadelöhr ziehen, bis beide Fäden gleich lang sind. Von hinten nach vorne durch den Karton stechen, ein Stück der Fäden hinten hängen lassen. Mit der Nadel wieder nach hinten durchstechen, so dass sich vorne eine kleine Schlaufe bildet. Nun mit der Nadel nach vorne über den Kopf durch die doppelte Schlaufe stechen, den Knoten festziehen und die Fäden entsprechend lang abschneiden. Bei allen Löchern so verfahren.

5 Zum Schluss die Haare in die gewünschte Form ziehen und entsprechend abschneiden. Bei der Clownfrau mit einem Stück schwarzer oder anderer Wolle einen Pferdeschwanz abbinden.

Anwendungs-Tipp

Die Clowns eignen sich gut als Geschenk. Man kann auch lange, dünne Engel als Lesezeichen machen und zu Weihnachten verschenken.

hatte, sehr
überfahren
Weile nach.
waren nicht zu
ich meinen, dass
Ich sag
in deinem Häuschen lebst. Heu
doch nirgends mehr sicher!«
»Als Schildkröte hat
Graham.
55

Filzschnüre

→ vielseitig verwendbar

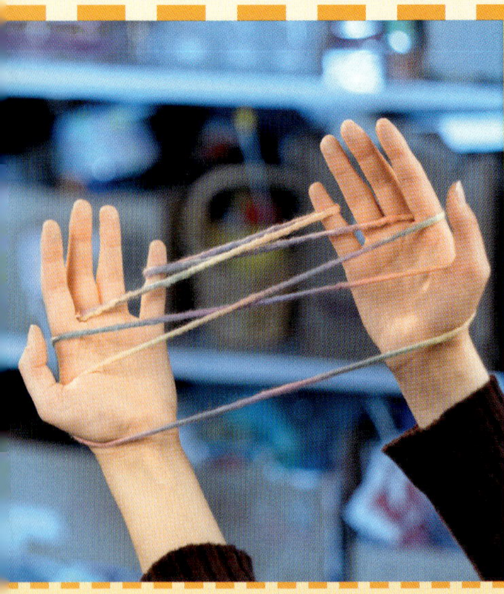

MATERIAL

- Strangwolle in verschiedenen Farben, Längen und Stärken, z. B. in Gelb, ganz dick vom Strang, 1,50 m lang, 32 g, Orange, 1/3 vom Strang, 90 cm lang, 8 g, Grün, ganz dick, 1,50 m, 32 g

1 Nach Grundanleitung auf Seite 6 vorgehen. Die Strangwolle in der gewünschten Länge abreißen und gegebenenfalls teilen. Je nach gewünschter Länge ein Stück Wolle auszupfen.

2 Auf ein Tablett ein zusammengefaltetes Handtuch legen und dieses mit Seifenlauge begießen.

3 Den Strang mit der linken Hand über das Handtuch ziehen, während die rechte Hand den Strang hoch und runter bewegt. Dies wird mehrmals gemacht, bis die Schnur eine gewisse Festigkeit erreicht hat.

4 Die Schnur zusammenknüllen und gut durchwalken, anschließend wieder in Form bringen, indem man die Schnur nochmals über das Handtuch „rollt".

5 Die Schnüre ausspülen und trocknen lassen.

Anwendungs-Tipp

Mit den Bändern kann man prima Fadenspiele machen, weil sie ohne Anfang und Ende gefilzt werden können. Mit den Schnüren kann man Kissen- und Deckenburgen zusammenbinden und vieles mehr.

Bändchen-Haargummis

→ schön wuschelig

MATERIAL

- dünne Strangwolle „Space" in beliebigen Farben, ca. 8 g, bzw. Strangstückchen in Türkis, ca. 10 g, bzw. Vlieswolle in Pink, ca. 8 g
- Haargummi in passender Farbe

1 Nach Grundanleitung auf Seite 6 vorgehen. Den Strang der Länge nach in ca. 16 cm lange Stücke teilen.

2 Diese Bändchen werden wie die Schnüre oben gefilzt.

3 Nach dem Auswaschen und Trocknen werden die Bändchen um den Haargummi geknotet. Sie können auch mit einer Stopfnadel auf einen dünnen Fadengummi aufgefädelt werden.

Schneckenspiel

→ hier geht's rund!

MOTIVHÖHE
ca. 5 cm

MATERIAL
- FIMO® in Gelb, Grün und Rot, je 1 Päckchen
- Fotokarton in Gelb, 35 cm x 50 cm
- Moosgummireste oder Moosgummiplatte, 2 mm stark, 20 cm x 30 cm
- Acrylfarbe in Gelbgrün, Karminrot, Orange und Ocker
- stumpfes Messer

VORLAGE SEITE 72

1 Für jede Schnecke aus dem FIMO® einen Strang mit 5 mm Durchmesser und 30 cm Länge rollen. Für das Schneckenhaus 20 cm hiervon mit dem Messer abtrennen und zur Schnecke aufrollen. Den Körper mit dem restlichen 10 cm langen Stück einer anderen Farbe an das Schneckenhaus formen und festdrücken. Das obere Kopfstück wird mit dem Messer in der Mitte geteilt und daraus zwei Fühler gestaltet. Das Gesicht breit drücken.

2 Für die Unterlage eine ca. 4 cm x 2 cm lange Plattform herstellen, die fertige Schnecke fest aufdrücken. Die Schnecken sollte ein Erwachsener nach Vorschrift im Backofen bei 130 °C bis zu 30 Minuten backen.

3 In der Zwischenzeit kann man mit dem Gestalten des Spielfeldes beginnen.

4 Dazu auf die Moosgummiplatte die Erdbeere, die Tomate, den Salat und den Stein aufzeichnen, ausschneiden und mit einer spitzen Schere die Kerne bei der Erdbeere und die Blätter beim Salatkopf einschneiden.

5 Für das Spielfeld leicht mit Bleistift die Stellen der einzelnen Motive kennzeichnen. Mit dem Pinsel ein Motiv aus dem Moosgummi mit der jeweiligen Farbe einstreichen, fest auf die gewünschte Stelle drücken und vorsichtig wieder abziehen. Bei jedem Druck neu mit Farbe bestreichen. Am besten erst alle Erdbeeren, alle Salate usw. nacheinander drucken.

6 Nach dem Trocknen des Spielbrettes die Bleistiftstriche wieder wegradieren.

Spiel-Tipp

So lauten die Spielregeln: Jeder Spieler sucht sich eine Schnecke aus und startet am dunkler gestalteten Kieselstein in einer Ecke des Spielfeldes. Wer eine sechs würfelt, darf beginnen. Es wird reihum gewürfelt und die entsprechende Zahl gezogen.
Da die Schnecke Erdbeeren gerne mag, verweilt sie dort länger, d. h. einmal aussetzen. Salat schmeckt ebenfalls und sie darf erst weiterziehen, wenn ihr Spieler eine drei gewürfelt hat. Tomaten mag die Schnecke nicht, deshalb darf hier noch einmal gewürfelt werden. Sieger ist, wer als Erstes am letzten Salatkopf ankommt.
Man kann sich natürlich auch andere Felder und Spielregeln überlegen.

FÜR JUNGS

Autos, Flugzeuge und Fußball – was wollen Jungs mehr? Ideen zum Spielen, T-Shirts und pfiffige Laubsägearbeiten fördern das handwerkliche Geschick und sind gut für das Selbstbewußtsein.

Piratenfloß

→ schwimmt auch

1 Zweigstücke auf ca. 20 cm Länge zurechtsägen und zu einem Rechteck von ca. 20 cm auf 15 cm Größe legen.

2 Drei Schnüre von je 60 cm Länge abschneiden. Jede Schnur, eine links, eine rechts und eine in der Mitte des Floßes, um das erste Zweigstück schlingen. Einmal unten durch und einmal oben drüber fädeln und anschließend verknoten. Bei allen Zweigstücken den Vorgang wiederholen. Nach dem letzten Zweig die Schnur mit einem doppelten Knoten befestigen.

3 Für das Segel aus schwarzem Tonpapier ein Rechteck, 10 cm x 12 cm, schneiden. Den Totenkopf und zweimal den Knochen aus weißem Universalpapier ausschneiden. Dem Totenkopf mit schwarzem Permanentmarker ein Gesicht aufmalen und mit den Knochen auf das Segel kleben. Oben und unten in der Mitte des Segels je ein kleines Loch mit einer spitzen Schere bohren und einen Schaschlikstab durchziehen.

4 Auf den Metallverschluss mit schwarzem Permanentmarker Striche zeichnen. Mit einem Nagel und einem Hammer ein Loch in die Mitte schlagen und als Mastkorb auf den Schaschlikstab stecken.

5 Aus dem orangefarbenen Tonpapierrest die Fahne schneiden und mit Alleskleber auf der Mastspitze fixieren.

6 In die Mitte des Floßes mit dem Nagel und dem Hammer ein kleines Loch schlagen und das fertige Segel einstecken.

MOTIVHÖHE
ca. 18 cm

MATERIAL
- gleichmäßige Zweigstücke, ø ca. 1 cm bis 1,5 cm, je 20 cm bis 25 cm lang
- dünne Schnur in Gelb
- Tonpapierreste in Schwarz und Orange
- Universalpapier in Weiß
- Getränkedrehverschluss aus Metall, ø 3 cm
- Schaschlikstab in Holz
- kleine Handsäge
- dicker Nagel
- Hammer

VORLAGE SEITE 70

Variations-Tipp

Wer möchte, kann sich aus Korken Piraten basteln. Dazu die Fußballspieler von Seite 36 als Piraten umgestalten, indem man ihnen aus Stoffresten Kopftücher aufsetzt, Augenklappen und Bartstoppeln aufmalt und ihre Kleider entsprechend gestaltet.

Rakete

→ für Astronauten

MATERIAL
- T-Shirt in Blau
- Textilfarbe in Orange, Blau, Grün, Gelb, Rot und Schwarz
- Plusterstifte in Glitzersilber und Glitzerblau
- Kohlepapier
- Kugelschreiber
- Bügeleisen und Bügelbrett

VORLAGE SEITE 74

1 Das Motiv von der Vorlage mit Transparentpapier abzeichnen. Die Vorlage auf das Kohlepapier legen und dieses auf dem ausgebreiteten T-Shirt platzieren.

2 Die Linien mit einem Kugelschreiber nachzeichnen, sodass sich das Motiv auf das T-Shirt überträgt.

3 Die Vorlage abnehmen und das T-Shirt innen flach mit Zeitung auslegen, damit sich nichts durchdrückt. Die aufgemalten Flächen nun wie abgebildet mit Farbe bemalen. Gut trocknen lassen.

4 Die Rakete mit Glitzerblau, den Schweif und die Sterne mit glitzersilbernem Plusterstift umranden. Wieder gut trocknen lassen.

5 Den Kragen grün malen und um die Planeten den Ring in Schwarz auftragen.

6 Zum Fixieren sollte ein Erwachsener das T-Shirt nach Herstellerangaben bügeln.

Auto

→ für Rennfahrer

MATERIAL
- T-Shirt in Grün
- Textilfarbe in Weiß, Gelb, Rot, Blau und Schwarz
- Kohlepapier
- Kugelschreiber
- Bügeleisen und Bügelbrett

VORLAGE SEITE 74+75

1 Das Motiv von der Vorlage mit Transparentpapier abzeichnen. Die Vorlage auf das Kohlepapier legen und dieses auf das ausgebreitete T-Shirt.

2 Die Linien mit einem Kugelschreiber nachzeichnen, sodass sich das Motiv auf das T-Shirt überträgt.

3 Die Vorlage abnehmen und das T-Shirt innen flach mit Zeitung auslegen, damit sich nichts durchdrückt. Die aufgemalten Flächen nun wie abgebildet mit Farbe bemalen. Mit dem Auto beginnen. Dabei die gesamte Fensterscheibe weiß malen, trocknen lassen und dann erst den Sitz und das Lenkrad malen. Alles gut trocknen lassen. Die schwarzen Linien nun nachträglich aufmalen.

4 Den Namen mit einem Pinsel schwungvoll über das Automotiv malen, ggf. mit Bleistift vorzeichnen.

5 Die beiden Fahnenstangen malen. Die Deutschlandflagge malen und die schwarzen Kästchen der zweiten Flagge. Trocknen lassen. Nun die weißen Flächen ergänzen.

6 Zum Fixieren sollte ein Erwachsener das T-Shirt nach Herstellerangaben bügeln.

Variations-Tipp

Falls das Motiv für ein kleineres Kind gedacht ist, einfach klein kopieren!

CARL

Rennwagen

→ Schumi im Kinderzimmer

1 Von den Autoteilen Schablonen anfertigen und auf den roten Fotokarton übertragen. Die Seitenteile zweimal, die anderen Teile je einmal ausschneiden und falzen.

2 Die gelben Verzierungen je zweimal übertragen, ausschneiden und auf die Seitenteile kleben. Achtung! Eine Seite seitenverkehrt gestalten! Die Nummer 1 ausschneiden und mit Alleskleber auf der Kühlerhaube anbringen.

3 Die Seitenteile an die Zwischenteile ankleben. Dabei ein Seitenteil hinlegen, die Falze der Zwischenteile mit Alleskleber bestreichen und aufdrücken.

4 Die Spoiler hinten am Wagen links und rechts ankleben.

5 Für die Reifen die Schraubverschlüsse mit Permanentmarker schwarz bemalen. Die Korkscheiben innen aufkleben. Die vier Reißnägel jeweils in die Mitte eines Verschlusses vorne aufstecken. Die fertigen Räder in gleicher Höhe auf beiden Seiten mit Alleskleber fixieren.

MOTIV-HÖHE
ca. 6 cm

VORLAGE SEITE 76

MATERIAL
- Fotokarton in Rot, A4
- Tonpapierrest in Gelb
- 4 gleiche Schraubverschlüsse aus Metall, ø 3 cm (von Getränkeflaschen)
- 4 Reißnägel mit weißen Köpfen
- 4 Korkscheiben von Weinkorken, ca. 1 cm stark

Flugzeuge

→ hängen von der Decke

1 Den Rumpf des Flugzeuges, die beiden Seitenflügel und die beiden Steuer auf den weißen Fotokarton übertragen und ausschneiden.

2 Für das untere Flugzeug den unteren Teil des Rumpfes zweimal auf hellblaues Tonpapier übertragen, ausschneiden und mit Klebestift aufkleben.

3 Das Ruder doppelt nach eigenen farblichen Wünschen aus Tonpapier ausschneiden, aufkleben und mit Tonpapierresten verzieren.

4 Die Fenster auf beiden Seiten übertragen und mit blauem Filzstift ausmalen.

5 Die Flügel und die Ruderteile am Bug fest umfalzen und mit Klebestift am Rumpf links und rechts fixieren.

Variations-Tipp

Die einzelnen Flugzeuge kann man ganz individuell oder entsprechend verschiedenen Fluggesellschaften gestalten. Die Vorlagen können dafür auch kleiner oder größer kopiert werden. So entsteht dann ein ganzer internationaler Flugplatz.

MOTIVHÖHE
ca. 7 cm

MATERIAL
- Fotokarton in Weiß, A4
- Tonpapier in Hellblau, A4
- Tonpapierreste in Rot, Hellblau, Dunkelblau und Gelb
- Filzstift in Dunkelblau

VORLAGE SEITE 75

ab 7 Jahre

Büffelbild

→ im Wilden Westen

MOTIVHÖHE
ca. 19 cm

MATERIAL
- Kiefernholz, 2 cm stark, 26 cm x 19 cm
- 60 Nägel, 3 cm lang
- Hammer
- Wasserfarbe in Orange, Blau und Grün
- Lackmalstift in Weiß
- Wollreste in Beige, Hellbraun und Braun

VORLAGE
SEITE 72

1 Das Holzbrett unten mit grüner und oben mit blauer Farbe bestreichen. Seitlich eine Sonne aufmalen. Trocknen lassen

2 Das Motiv mit Transparentpapier von der Vorlage abpausen. Um das Motiv auf die Holzplatte zu übertragen, die bemalte Seite auf das Holz legen und mit einem Bleistift die Linien nachziehen.

3 Die Augen, Augenbrauen und Nasenlöcher aufmalen.

4 Im Abstand von 2 cm auf den Motivlinien die Nägel aufhämmern.

5 Die Wollfäden um die Nägel wickeln, an den Enden festknoten.

Indianerzelt

→ Nagelbild

MOTIVHÖHE
ca. 29 cm

MATERIAL
- Kiefernholz, ca. 2 cm stark, 22 cm x 29 cm
- 44 Nägel, 3 cm lang
- Hammer
- Wasserfarbe in Blau und Grün
- Kohlepapier
- Wollreste in Gelb, Rot, Orange, Hellblau, Zitronengelb, Himmelblau, Grün und Blau

VORLAGE
SEITE 76

1 Die Vorlage und die Punkte für die Nägel mit Transparentpapier und Kohlepapier auf das Holz übertragen.

2 Das Motiv nach Abbildung anmalen und trocknen lassen.

3 Nun die Nägel nacheinander in gleicher Höhe einschlagen.

4 Den Wollfadenanfang am ersten Nagel anknoten und einmal um jeden Nagel legen, dann den nächsten Nagel nehmen.

5 So alle Wollfäden aufspannen, bis das Bild fertig ist.

Bastel-Tipp

Hier braucht man beim Hämmern ein wenig Fingerspitzengefühl, damit die Nägel alle auf einer Höhe landen. Am besten ein dünneres Stück Holz als Maßstab bzw. als Begrenzung für den Hammer verwenden.

Fußballspiel

→ mit Korkmännchen

MOTIVHÖHE
ca. 10 cm

MATERIAL

- Weinkorken (pro Fußballspieler)
- Wattekugel, ø 3 cm (pro Fußballspieler)
- Acrylfarbe in Hautfarbe und je nach Fußballverein
- Wollreste in Braun, Gelb und Schwarz, mittlere Stärke (für die Haare)
- Schaschlikspieße aus Holz
- Styroporkugel, ø 4 cm
- Styroporfläche
- Fotokarton in Hellgrün, 50 cm x 70 cm
- Fotokarton in Weiß, A4
- Filzstifte in Blau, Braun, Grün und Rot fürs Gesicht
- Buntstift in Weiß

VORLAGE SEITE 73

1 Die Korken und die Wattekugeln je auf einen halben Schaschlikspieß stecken. Die Korken je nach Vereinsfarben zuerst mit der hellsten Farbe grundieren und trocknen lassen. Mit der dunkleren Farbe Hemd oder Hose, bzw. Strümpfe aufmalen. Auf der trockenen Rückseite mit der entsprechenden Farbe Zahlen anbringen. Die Köpfe hautfarben anmalen. Die Teile zum Trocknen auf ein Stück Styropor spießen.

2 Für die Haare Wolle vier- bis fünfmal über zwei etwas gespreizte Finger wickeln, abnehmen und mit einem kurzen Wollstück gleicher Farbe in der Mitte abbinden und verknoten. Die Schlaufen aufschneiden und auf beiden Seiten gleich lang abschneiden.

3 Auf den Kopf einen runden Klecks Alleskleber geben, Haare aufkleben und frisieren. Den Mund mit rotem, die Augen mit braunem, blauem oder grünem Filzstift aufzeichnen.

4 Pro Fußballer ein 2 cm bis 3 cm langes Stück Schaschlikspieß als Hals an beiden Seiten anspitzen. In die Mitte des Korkens mit einer spitzen Schere ein Loch bohren und den Kopf aufstecken.

5 Die Tore von der Vorlage auf weißen Fotokarton übertragen, ausschneiden, falzen und aufstellen.

6 Für das Fußballfeld auf einem Stück Fotokarton mit weißem Buntstift die Linien nach Abbildung einzeichnen. Die Tore aufstellen oder aufkleben.

7 Mit schwarzem Permanentmarker Punkte auf den Fußball malen.

Variations-Tipp

Wer ein richtiges Netz hinter dem Tor möchte, kann die Metallklammern von einem grünen Obstnetz abschneiden. Das Netz erst innen am Torbalken und dann außen an den Torseiten festkleben. Restliches Netz wegschneiden. Man kann sich selbst Spielregeln für das Fußballspiel ausdenken und dafür beliebig viele Fußballer machen.

9

Auto-Türschild

→ oder Wandschmuck

MOTIVHÖHE
ca. 9 cm

MATERIAL
- Sperrholz, 4 mm stark, 10 cm x 22 cm
- Acrylfarbe in Mittelgelb, Himmelblau, Ultramarin, Silber und Schwarz

VORLAGE SEITE 76

1 Das Motiv auf das Sperrholz übertragen und aussägen. Anschließend, besonders an den Kanten, abschmirgeln.

2 Das Motiv weiß grundieren.

3 Die Innenlinien auf das Holz übertragen.

4 Das Motiv wie abgebildet ausmalen.

5 Zum Schluss die Zeichnung mit schwarzem Permanentmarker nachziehen und den Namen in die Windschutzscheibe schreiben.

Feuerwehrauto

→ mit Lichterkette

MOTIVHÖHE
ca. 18 cm

MATERIAL
- Sperrholz, 4 mm stark, 29 cm x 20 cm
- Acrylfarbe in Karminrot, Mittelgelb, gelbem Ocker, Himmelblau und Silber
- 10er-Lichterkette
- Bohrmaschine und Holzbohrer, ø 8 mm bis 10 mm

VORLAGE SEITE 75

1 Das Motiv auf das Sperrholz übertragen und aussägen. Die Fläche und besonders die Ränder abschmirgeln.

2 Das Motiv weiß grundieren.

3 Die Innenlinien auf das Holz übertragen.

4 Die Löcher für die Lämpchen bohren. Achtung! Das sollte ein Erwachsener übernehmen.

5 Alle Flächen wie abgebildet ausmalen und die Konturen mit schwarzem Permanentmarker noch einmal nachziehen.

6 Die Lämpchen der Lichterkette einsetzen und festkleben.

Variations-Tipp

Das Feuerwehrauto sieht auch ohne Lichterkette gut aus. Man kann es prima als Namensschild verwenden oder einfach an die Wand hängen.

TIM

FÜR MÄDCHEN

Ein T-Shirt für Prinzessinnen und eine Papierkette für kleine Individualistinnen lassen Mädchenherzen höher schlagen. Besonders romantisch sind das leuchtende Herz und die gefilzten Blümchenaccessoires.

Papierketten

→ aus Regenbogenpapier

MATERIAL

- Regenbogenbuntpapier, 50 cm x 70 cm
- ggf. 11 Perlen in Grün, ø 8 mm
- feiner Nylonfaden, ø ca. 0,15 mm
- stärkerer Karton für die Schablone

VORLAGE SEITE 75

1 Zusammengerolltes Papier glätten. Das Schablonendreieck entweder so auf das Regenbogenpapier legen, dass die verschiedenen Farben des Papiers übereinander liegen, dann entstehen bunte Perlen. Oder das Dreieck auf nur eine Farbe legen, dann entstehen einfarbige Knebel. Pro Kette ca. 15 Dreiecke aufzeichnen und ausschneiden. Bei den bunten Perlen die Schablone mit der Spitze in die andere Richtung legen, wenn die Perlen unterschiedliche Farbmuster haben sollen.

2 Nun das ausgeschnittene Dreieck mit der Spitze nach oben hinlegen, stückweise mit Klebestift einstreichen und gleichmäßig und fest bis zum Ende aufrollen. Beim Aufrollen darauf achten, dass links und rechts der Abstand immer gleich ist.

3 Die Perlen auf den Nylonfaden auffädeln. Nach jeder Knebelperle eine Holzperle aufziehen, zum Schluss den Strang zur Kette verknoten.

Variations-Tipp

Man kann auch aus alten Illustrierten bunte Seiten herausnehmen oder Geschenkpapier verwenden und die Perlen damit herstellen. Das kostet fast nichts und sieht auch hübsch aus.

Peruanische Rauten

→ Ethno-Flair

MOTIVHÖHE
ca. 20 cm

MATERIAL
- Wollreste in beliebigen Farben in etwa gleicher Stärke
- je 2 Schaschlikspieße aus Holz
- Holzperlen in verschiedenen Formen und Farben, ø 1,2 cm und 1,5 cm
- ggf. 4 Holzperlen in Gold, ø 8 mm
- ggf. Walzperlen, ca. 2 cm lang

1 Die beiden Schaschlikspieße anspitzen und zu einem Kreuz mit gleich langen Seiten legen. Mit einem kleinen Stück Wolle der zuerst verwendeten Farbe die Spieße aneinander knoten. Die Fäden kurz abschneiden.

2 Das Wollende mit Alleskleber am Holzstäbchen an der Verknotung befestigen. Die Wolle bis zum nächsten Stäbchen spannen, einmal um dieses stramm wickeln und in der gleichen Richtung zum nächsten Stab weiterziehen. Den Vorgang so lange wiederholen, bis man die nächste Farbe verwenden möchte. Immer erst vorher die Runde beenden, damit das Muster gleichmäßig aussieht. Dabei darauf achten, dass sich die Stäbe nicht verziehen.

3 Die Raute beliebig groß anfertigen. Die Fäden miteinander verknoten und kurz abschneiden. Statt Wolle kann zwischendurch auch Bast, Kordel oder Schnur verwendet werden.

4 Für die Quasten vier bis fünf ca. 15 cm lange, bunte Wollfäden schneiden, auf die Hälfte zusammenlegen und mit einem weiteren Wollfaden oben zu Schlaufen abbinden. An den Schlaufen zwischen zwei Perlen auf den Holzstab stecken.

5 Die Kugeln an den Enden auf die Schaschlikspieße kleben, evtl. die Stäbe danach kürzen. Zur Verzierung können auch Perlen auf den Bast oder die Wolle aufgeklebt werden.

Anwendungs-Tipp

Mehrere Rauten, auch in verschiedenen Größen, untereinander mit dünner Nylonschnur befestigen und als Wandschmuck aufhängen.

Herzlampe

→ romantisch

MOTIVHÖHE
ca. 30 cm

MATERIAL
- Transparentpapier in Rot, 4 x 50 cm x 70 cm
- Herzluftballon, 30 cm hoch
- Tapetenkleister
- 10er-Minilichterkette
- Kochlöffel

1 Den Luftballon in seinem ganzen Volumen aufblasen und zuknoten.

2 Den Leim mit fünf Löffeln Tapetenkleister auf 1 Liter Wasser anrühren. Stehen lassen bis er dickflüssig geworden ist, Herstellerangaben beachten.

3 Das Transparentpapier in nicht allzu kleine Stücke reißen. Mit der Hand den Luftballon auf der einen Seite mit Leim bestreichen und mit den Papierschnipseln vollständig bekleben. Dann mit der anderen Seite genauso verfahren. Den Ballon insgesamt mit vier Schichten oder mehr bekleben. Die Oberfläche zum Schluss mit Leim glatt streichen.

4 Das Herz gut durchtrocknen lassen. Dann mit einer spitzen Schere ein ca. 3 cm großes Loch an der Verknotung herausschneiden. Die Luft aus dem Ballon vollständig entweichen lassen und ihn anschließend herausnehmen.

5 Wenn Beulen entstanden sind, diese mit einem Kochlöffelstiel von innen in Form drücken.

6 Die Lämpchen der Lichterkette durch die runde Öffnung stecken.

Variations-Tipp

Die Lampe sieht auch schön mit einem großen runden Luftballon als leuchtende Kugel aus. Toll sehen auch mehrere Kugeln in verschiedenen Farben aus.

Farbenfrohe Filztäschchen

→ für wichtige Kleinigkeiten

MOTIVHÖHE
ca. 12 cm

MATERIAL

- 2 Bastelfilzplatten in zwei verschiedenen Farben, 20 cm x 30 cm (ergibt 2 Täschchen)
- farblich passende Kordel, ø 3 mm, ca. 1,50 m lang
- ggf. runde Perlen, ø 1,2 cm und 1,5 cm bzw. Walzperlen aus Holz in verschiedenen Größen
- ggf. Knopf, ø 2 cm
- Stoffschere
- Sticktwist in gewünschter Farbe
- dicke Nähnadel mit großem Öhr
- Stecknadeln

VORLAGE SEITE 80

1 Je eine Filzplatte in der Länge durchschneiden, sodass pro Platte zwei Filzstreifen in der Größe 10 cm x 30 cm entstehen.

2 Beim roten Täschchen mit geradem Abschluss zwei dieser Streifen in verschiedenen Farben mit Klebestift genau übereinander kleben. Den einen Streifen, hier der in Pink, 1,5 cm kürzer schneiden.

3 Bei der Tasche mit spitzem Überschlag mit einem Dreieck enden und in Türkis ein größeres Dreieck unterkleben.

4 Das Täschchen auf eine Größe von insgesamt 12 cm zusammenfalten. Dabei die untere Tasche 11 cm hochklappen, mit Stecknadeln feststecken und mit dem passenden Sticktwist mit einfachen Schlingstichen (siehe Vorlage) an beiden Seiten zusammennähen.

5 Die Klappe nach eigenen Vorstellungen gestalten. Zum Beispiel mit Filzstückchen bekleben oder mit Perlen besticken.

6 Als Verschluss eine Perle oder einen Knopf auf den unteren Taschenteil nähen. Das Knopfloch hierfür mit einer spitzen Schere in die Klappe schneiden.

7 Die Kordel an der Innenseite, am Ende der Klappe, mit einigen Stichen links und rechts festnähen. Mit Perlen und Knoten verzieren und beide Enden zusammenknoten.

Variations-Tipp

Der Fantasie sind keine Grenzen gesetzt. Man kann z. B. die Klappe auch halbrund gestalten, Pailletten aufnähen oder mit Plusterstiften Ornamente aufmalen.

Pferdchen

→ in der Blumenwiese

MATERIAL
- T-Shirt in Gelb
- Textilfarbe in Orange, Hellblau, Grün, Lila, Hellbraun, Dunkelbraun, Weiß und Schwarz
- Plusterstifte in Hellgrün und Glitzerpink
- Kohlepapier

VORLAGE SEITE 80

1 Das Motiv mit Transparentpapier von der Vorlage abzeichnen. Die Vorlage auf das Kohlepapier legen und darunter das ausgebreitete T-Shirt.

2 Die Linien mit einem Kugelschreiber nachzeichnen, sodass sich das Motiv auf das T-Shirt überträgt.

3 Die Vorlage abnehmen und das T-Shirt innen flach mit Zeitungspapier auslegen. Die aufgemalten Flächen nun wie abgebildet mit Farbe bemalen. Gut trocknen lassen.

4 Nun die Mähne mit schwarzen Haaren ausgestalten. Die Pupillen, Augenbrauen, Nasenlöcher und den Mund aufmalen.

5 Unter den lilafarbenen Blumen die Stängel mit grünem Plusterstift malen, trocknen lassen und dann die Blätter mit grüner Farbe ausmalen. Die Blumen mit Glitzerpink umranden und mit Punkten verzieren.

6 Die Ärmel mit Streifen, den Kragen mit Blümchen bemalen.

Schmetterling

→ mit Krönchen

MATERIAL
- T-Shirt in Rosa
- Textilfarbe in Gelb, Orange, Rot, Hellblau und Grün
- Plusterstifte in Rosa, Glitzergrün, Blau und Glitzerrotgold
- 19 Wachsperlen in Weiß, ø 6 mm
- 2 Wachsperlen in Rosa, ø 8 mm
- 3 Perlen in Gold, ø 8 mm
- Kohlepapier

VORLAGE SEITE 77

1 Das Motiv mit Transparentpapier von der Vorlage abzeichnen. Die Vorlage auf das Kohlepapier legen und darunter das ausgebreitete T-Shirt.

2 Die Linien mit einem Kugelschreiber nachzeichnen, damit sich das Motiv auf das T-Shirt überträgt.

3 Die Vorlage abnehmen und das T-Shirt innen flach mit Zeitungspapier auslegen. Die aufgemalten Flächen nun wie abgebildet mit Farbe bemalen. Gut trocknen lassen. In die Blüten mit Plusterstift blaue und pinkfarbene Punkte malen. Nach dem Trocknen nochmals einen Plusterstiftpunkt in Gold auftragen und sofort eine Wachsperle einkleben.

4 Die Kragen- und Ärmelverzierungen mit goldenem Plusterstift aufmalen. Die Blumen umranden, dabei die Stängel mit grünem Plusterstift malen, ebenso das Herz ummalen.

5 Kleine Plusterstiftpunkte auf den Schmetterling setzen und sofort die Wachsperlen eindrücken. Die Kronenspitzen schmücken. Die Fühler aufmalen und rosa Perlen als Abschluss aufsetzen.

Bastel-Tipp

Am besten kommen die Motive auf hellen Farben heraus.

Blümchenaccessoires

→ frühlingshaft

MATERIAL BLÜMCHENKRANZ
- Vlieswolle in Hellgrün, ¼ eines 1,7 m langen Stranges, ca. 14 g
- Vlieswolle in Rosa, Hellpink und Dunkelpink, je ca. 10 g
- Vlieswollerest in Gelb
- dicke Stopfnadel

BLUMENHAARGUMMI
- Vlieswolle in Orange, Rot, Gelb und Dunkelrot, je ca. 2 g
- je 2 Glasperlen, ø 4,5 mm
- je 1 Fadengummi in Rot, 16 cm lang

FILZTASCHE
- Vlieswolle in Grünmeliert, ca. 40 g
- Strangwolle in Pink, ca. 14 g
- Vlieswolle in Hellrot, ca. 3 g
- Glasperlen in Rot, ø 2 mm
- Nähnadel
- Nähgarn in Hellrot

VORLAGE SEITE 77

Blümchenkranz

1 Nach Grundanleitung auf Seite 6 vorgehen. Die grüne Schnur wird wie die Filzschnüre auf Seite 25 gefilzt.

2 Für die Blümchen werden im Durchmesser von ca. 5 cm bis 6 cm Vliesstücke auf ein Tablett gerichtet. In die Mitte etwas gelbe Wolle auflegen.

3 Mit Seifenlauge begießen, vorsichtig anfilzen. Wenn die Wolle schon etwas zusammenhängt, das Blümchen in die Hand nehmen und weiter filzen.

4 Anschließend das Blümchen in der Mitte zusammenfalten und kurz walken, dabei wie immer aufpassen, dass die Ränder nicht zusammengefilzt werden.

5 Die Blumen ausspülen und in Form ziehen.

6 Die Schnur in eine dicke Stopfnadel einfädeln, die einzelnen Blumen auf die Schnur nähen.

7 Die Schnur zwei bis drei Runden ineinander verschlingen, mit einem Knoten verschließen.

Blumenhaargummi

1 Nach Grundanleitung auf Seite 6 vorgehen. Die Blümchen werden in der Schablonentechnik hergestellt. Nach dem Entfernen der Schablone müssen die Blümchen, die doppelt genommen werden, ganz fest gewalkt werden, da sie am Rand noch eingeschnitten werden und die Ränder sonst sehr schnell ausfransen.

2 Nach dem Walken die Blümchen schön ausformen, die Ränder nach dem Muster schneiden und ausspülen.

3 Wenn sie trocken sind, den Fadengummi mit einer Stopfnadel durch die Blümchen fädeln, innen eine Glasperle auffädeln, wieder zurückstechen.

4 Den Fadengummi verknoten.

Filztasche

Die Tasche nach der Anleitung auf Seite 20 arbeiten. Die Blüten nach der Beschreibung des Blütenkranzes filzen. Die Blüten auf die Tasche nähen.

Spiele für drinnen & draußen

An Regentagen kann man nicht so lange rausgehen und spazieren oder Fahrrad fahren. Besonders wenn es kalt ist, hält man es draußen nicht lange aus. Dafür gibt es ja viele schöne Bastelideen. Da aber kein Kind einen ganzen Regentag lang basteln möchte, gibt es auch viele lustige Spiele, die man ohne großen Aufwand und mit wenigen Mitspielern spielen kann. Mit Gummistiefeln und regenfester Kleidung schadet ein bisschen frische Luft auch im Regen nicht.

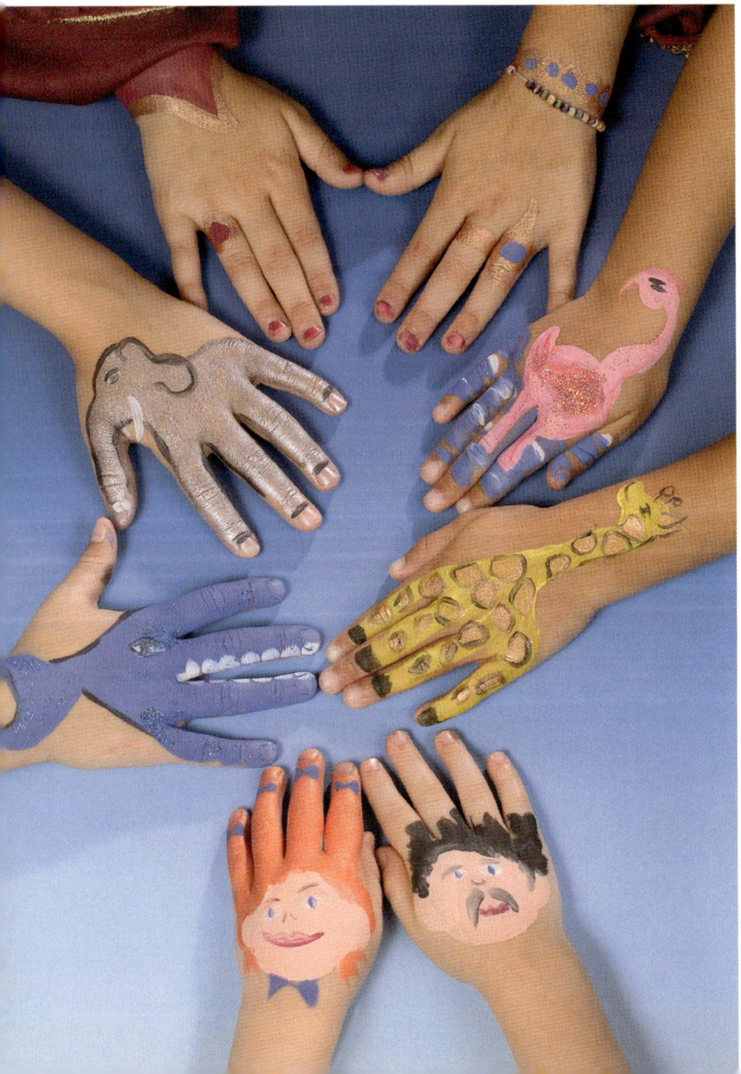

Sprachspiele

Sprachspiele eignen sich nicht nur für Regentage, sondern auch für lange Autofahrten. Man fördert damit gleichzeitig den Sprachschatz und – je nach Spiel – auch die Rechtschreibung eines Kindes.

Wort und Nummer

Der erste Mitspieler nennt ein Wort und eine Zahl, z. B.: „Fahrrad und 4".
Nun muss der nächste Spieler ein Wort finden, das mit dem vierten Buchstaben des Wortes anfängt, also „Riesenrad und 6". So geht es weiter, bis man keine Lust mehr hat. Mit größeren Kindern kann man das Spiel auch in einer Fremdsprache spielen.

ABCD – Stopp!

Einer spricht leise und möglichst schnell das Alphabet vor sich hin, bis ein anderer Mitspieler „Stopp" ruft. Der Buchstabe, bei dem er angekommen ist, wird nun laut gesagt. Ist es z. B. der Buchstabe „G", muss ein Mitspieler möglichst viele Worte sagen, die mit „G" anfangen, also Garage, Giraffe, Gorilla, etc. Am besten, man stoppt die Zeit und hört nach einer Minute auf, das macht das Spiel spannender. Man kann sich auch – ähnlich wie bei Stadt, Land, Fluss – nur auf ein Sachgebiet beschränken, beispielsweise Tiere.

Mit Schminkfarben kann aus ein paar Händen ein ganzer Zoo samt Besuchern entstehen.

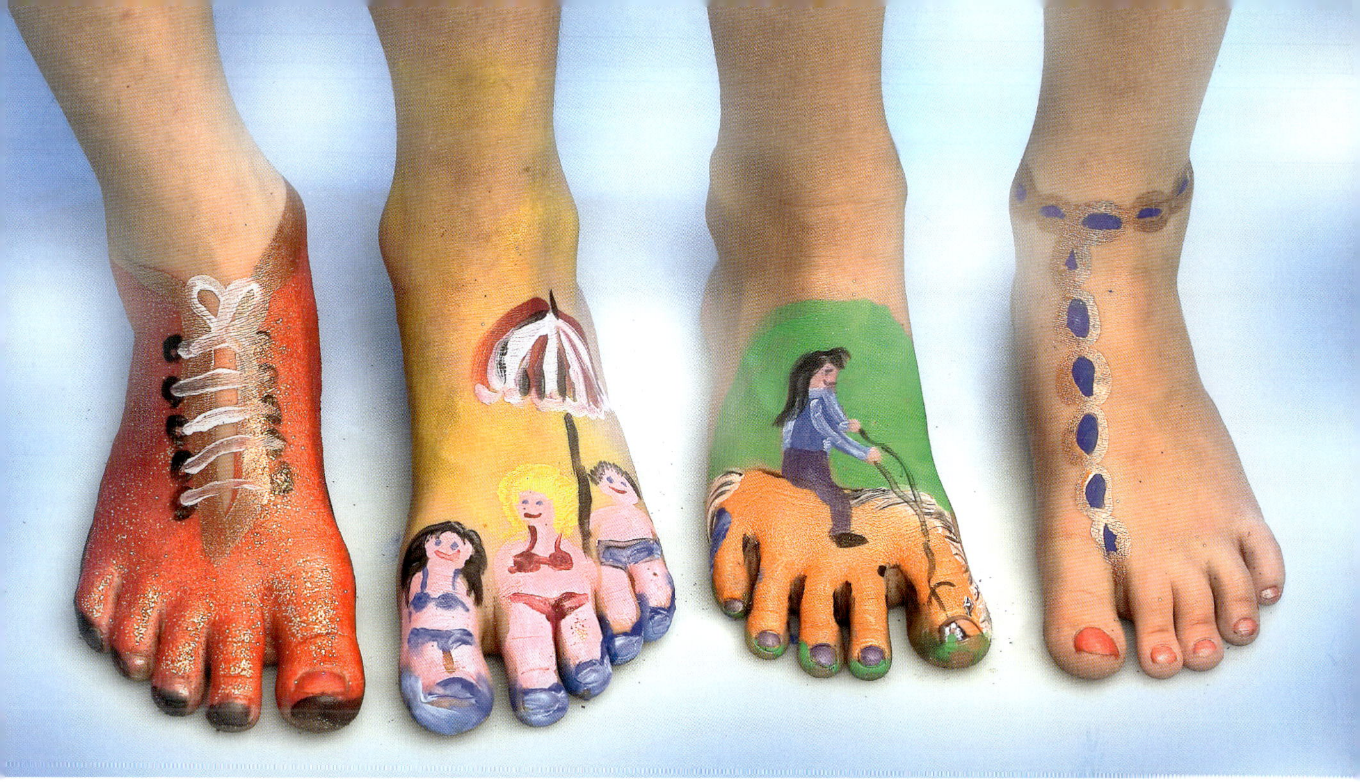

Wer vermisst noch seinen Traumschuh? Wer sehnt sich nach einem Strand? Auf die Füße kann man kleine Fantasiewelten malen.

Wörterkette

Das Spiel fängt mit einem Wort an, das aus zwei Hauptwörtern zusammengesetzt ist, beispielsweise „Hundehütten". Der nächste Spieler muss dann den hinteren Begriff, also „Hütten" nehmen und daraus ein Wort bilden, z. B. „Hüttentür", dann „Türschild", „Schildlaus" usw. Ziel ist es, zum ersten Wort zurückzukommen!

Schminkideen

Mit einem Schminkkasten, ein wenig Glitzer und ein paar Pinseln kann man nicht nur das Gesicht, sondern auch Hände und Füße bemalen. Hier sind ein paar Beispiele abgebildet. Elefant, Giraffe, Flamingo und Haifisch geben sich an den Händen ein Stelldichein. Mädchen können sich fantasievollen Schmuck auf die Hände, den Hals und die Stirn malen. Auch Gesichter und Frisuren wirken toll. Hier kann man seiner Fantasie wirklich freien Lauf lassen. Ein Renner ist diese Bemalung auch an Geburtstagen.
Füße zu bemalen ist noch witziger, schließlich ist man an den Füßen kitzelig. Ob schöner Beinschmuck oder Schuhe, Sandstrand oder Ponyweide. Es macht Spaß, sich selbst oder andere zu bemalen. Hier noch ein paar weitere Ideen zum Bemalen der Füße: Meer mit Leuchtturm, Blumen, Socken, Ballettschühchen, Stiefel. Hat man einmal angefangen, fällt einem viel ein. Das Spiel kann man im Sommer variieren und die Arme oder den Rücken bemalen. Viel Spaß beim Ausprobieren!

Gummistiefelspiele

Wer Gummistiefel und wasserdichte Kleidung hat, der ist gut dran, denn es gibt nichts Schöneres als bei Regenwetter in Pfützen zu springen. Wer genug gehüpft ist, der findet hier noch ein paar andere Pfützenspiele.

Pfützenbrücke

Jeder sucht drei Steine, auf denen man gut stehen kann. Die ersten zwei Steine in die Pfütze legen, den dritten Stein davor legen, dann den hintersten Stein holen und wieder nach vorne setzen. Noch schwieriger wird das Spiel, wenn man nur zwei Steine verwendet, denn dann muss man auf einem Bein stehen, um den anderen Stein nach vorne zu legen. Wer die Pfütze überquert hat, ohne ins Wasser zu treten, hat gewonnen. Wer abrutscht, muss noch einmal anfangen!

Pfützenziehen

Auch bei diesem Spiel ist ganz wichtig, dass jeder Gummistiefel anhat. Alle Teilnehmer stehen im Kreis und halten sich an den Händen. Die Kinder sollten halbwegs gleich stark sein, sonst wird es für die Kleineren zu wild. Dann wird auf drei gezählt und versucht, sich gegenseitig in die Pfütze zu ziehen. Wer in die Pfütze tritt, scheidet aus, der Kreis wird also immer enger.

Schiffe versenken

Dieses Spiel kann man auch in der Badewanne oder im Schwimmbad spielen: In einer Pfütze schwimmt ein Boot (z. B. Sandförmchen, Marmeladenglasdeckel o. Ä.), das versenkt werden soll. Jeder darf der Reihe nach etwas Wasser hineinkippen, mindestens aber einen Tropfen. Wer das Boot versenkt, hat verloren.

IDEEN ZU JEDER JAHRESZEIT

Von Ostern bis Weihnachten gibt es in jeder Jahreszeit schöne Anlässe, um Dekorationen, kleine Geschenke und vieles mehr zu basteln. So kann man das ganze Jahr kreativ gestalten.

Ostereier und -karten

→ Batik mit Fotokleber

Ostereier

1 Auf ein sauberes Ei mit Fotokleber Muster auftragen und trocknen lassen.

2 Mit gelber Farbe das ganze Ei bemalen und wieder trocknen lassen. Mit Fotokleber weitere Muster aufbringen und trocknen lassen.

3 Nun mit roter oder grüner Farbe alles übermalen.

4 Nach dem Trocknen mit den Fingern die Klebeschicht wegrubbeln, damit die Muster wieder zum Vorschein kommen.

5 Einen doppelten Faden über ein Streichholz wickeln, verknoten und in die Schalenöffnung stecken. Daran das Ei an einem grünen Zweig aufhängen.

Osterkarten

1 Für das gemusterte Papier Zickzack, Punkte, Spiralen und Wellenlinien auf das weiße Universalpapier mit Fotokleber aufmalen.

2 Mit gelber, roter und grüner Farbe Streifen über das gesamte Blatt aufbringen. Nach dem Trocknen den Kleber wegrubbeln.

3 Für die Karten Fotokarton auf eine Größe von 21 cm x 15 cm zuschneiden und in der Mitte falten.

4 Das Osterei auf die Vorderseite übertragen und mit einer spitzen, kleinen Schere ausschneiden. Das Ei zum Hinterkleben auf ein fertig gebatiktes Papier übertragen, ausschneiden und auf die rechte Seite der aufgeklappten Karte mit Klebestift so fixieren, dass sich von der Vorderseite aus das Muster genau hinter dem Ausschnitt befindet.

MOTIVHÖHE
Ostereier ca. 7 cm
Osterkarten ca. 15 cm

MATERIAL PRO EI
- ausgeblasenes Hühnerei in Weiß
- Fotokleber
- Acrylfarbe in Rot, Gelb und Hellgrün
- Nähgarn in Weiß
- Streichholz

OSTERKARTEN
- Fotokleber
- Acrylfarbe in Rot, Gelb und Hellgrün
- Fotokarton in Rot, Gelb und Hellgrün, A4
- Universalpapier in Weiß, A4

VORLAGE SEITE 77+78

Variations-Tipp

Auf diese Art kann man auch Weihnachtskarten mit Sternen, Muttertagskarten mit Herzen und Geburtstagskarten mit Blumen gestalten.

Filzwindlichter

→ für Sommerabende

MOTIVHÖHE
ca. 8 cm

MATERIAL FÜR DREI WINDLICHTER

- Moorschnucke im Vlies in Weiß, ca. 24 g
- Strangwollereste in Rosa, Rot, Orange, Hellgrün und Dunkelgrün
- 3 Gläser, ø ca. 7 cm

VORLAGE SEITE 80

1 Die Windlichter werden wie die gefilzten Täschchen auf Seite 21 in der Schablonentechnik angefertigt. Außerdem gilt die Grundanleitung auf Seite 6. Der Unterschied zu den Täschchen ist, dass man bei Windlichtern mit ganz dünnen Lagen arbeitet, damit der Filz nicht zu dick wird und noch genügend Licht durchkommt. Aus diesem Grund werden die Windlichter nur angewalkt.

2 Wenn die Schablone entfernt wurde, wird die Windlichthülle kurz angewalkt und über dem Glas noch fertig gefilzt, damit sie das Glas schön eng umschließt.

3 Nach dem Auswaschen die Windlichthüllen in Form zupfen und mit dem Glas drinnen trocknen lassen.

Variations-Tipp

In dieser Art kann man auch Vasen umfilzen. Das sieht besonders bei buschigen, kleinen Sträußen entzückend aus.

Buntes Partygeschirr

→ für Sommerfeste

MATERIAL

- Servietten in Weiß
- Partypappteller in Weiß
- Henkelpappbecher
- Aquarellfarbe in Gelb, Rot, Grün und Braun (ungiftig, wasserlöslich)
- Äpfel
- Essmesser
- kleines Küchenmesser
- Papierküchentücher

1 Einen Apfel in der Mitte gerade durchschneiden und das Gehäuse wegschneiden. Die Farben mit dem Pinsel auf eine Apfelhälfte oder auf ein Apfelstück auftragen und fest auf die Serviette aufdrucken. Beim nächsten Druck vorher die Farbreste auf dem Apfel mit einem Küchentuch abwischen, evtl. auch abwaschen, und neu einstreichen.

2 Blatt und Stil mit einem kleinen Messer aus einem Stückchen Apfel herausschneiden, mit Farbe bestreichen und auf die gewünschte Stelle auf Becher oder Serviette drucken. Die Apfelkerne mit einem dünnem Haarpinsel aufmalen.

3 Die Vertiefungen auf dem Tellerrand in den gewünschten Farben und Abständen ausmalen.

4 Die Farbe gut durchtrocknen lassen.

Bastel-Tipp

Bei den Servietten braucht man nur die obere Seite bedrucken und kann sich mit den anderen Seiten den Mund abtupfen.
Übrigens eignen sich Birnen auch gut zum Drucken.

Leuchtturmlaterne

→ für Sommerabende oder St. Martin

MOTIVHÖHE
ca. 30 cm

MATERIAL
- Fotokarton in Schwarz, A3
- Fotokarton in Weiß, A4
- Transparentpapier in Rot und Weiß, ca. A3
- Transparentpapierrest in Gelb
- Laternenbügel und ggf. Laternenstab
- Laternentülle
- Christbaumkerze

VORLAGE
SEITE 78+79

1 Den Leuchtturm zweimal auf schwarzen Fotokarton übertragen und innen und außen ausschneiden.

2 Für die roten und weißen Streifen des Turmes den ausgeschnittenen Leuchtturm auf das jeweilige Transparentpapier legen, das Teil mit Bleistift innen umfahren, 5 mm Kleberand auf jeder Seite hinzugeben, ausschneiden und auf die Rückseite des Turmes kleben. Ebenso mit dem gelben Licht verfahren, nur mit einem etwas kleineren Kleberand.

3 Die Fenster auf den schwarzen Fotokarton übertragen, ausschneiden und auf die Vorderseiten in die Mitte der Stockwerke kleben.

4 Das schwarze Innenteil der Laterne (12,5 cm x 51 cm) ausschneiden, falzen, den Klebefalz mit Alleskleber bestreichen und die beiden fertigen Leuchtturmteile auf beiden Seiten fest andrücken.

5 Die Wolken auf weißen, die Vögel auf schwarzen Fotokarton übertragen und ausschneiden. Die Vögel auf die Wolken kleben, Wolken am Falz knicken und am Innenteil der Laterne links und rechts mit Alleskleber fixieren.

6 Mit einer spitzen Schere an der Markierung Löcher für den Laternenbügel einstechen und diesen auf beiden Seiten befestigen. In die Mitte des Laternenbodens die Laternentülle einstechen und beide Halteteile nach außen umbiegen.

Anwendungs-Tipp

Diese Laterne eignet sich nicht nur für ein Laternenfest an einem schönen Sommerabend oder als Balkonbeleuchtung, sondern auch für den Martinsumzug am 11. November.

Fliegende Hexe

→ aus Hexentreppen

MOTIVHÖHE
ca. 22 cm

MATERIAL
- Fotokarton in Dunkelorange
- Fotokartonrest in Hautfarbe
- Tonpapierreste in Rot, Hellorange und hellem Violett
- Fineliner in Rot
- Buntstift in Rot
- Birkenästchen, ca. 30 cm lang (für Besenstiel)
- feine Birkenzweiglein, je ca. 10 cm lang (für Besen)
- Bastfaden, ca. 30 cm lang
- Elastik-Kordel in Gelb

VORLAGE
SEITE 79

HINWEIS
Die Anleitung für die Spinne finden Sie auf Seite 64.

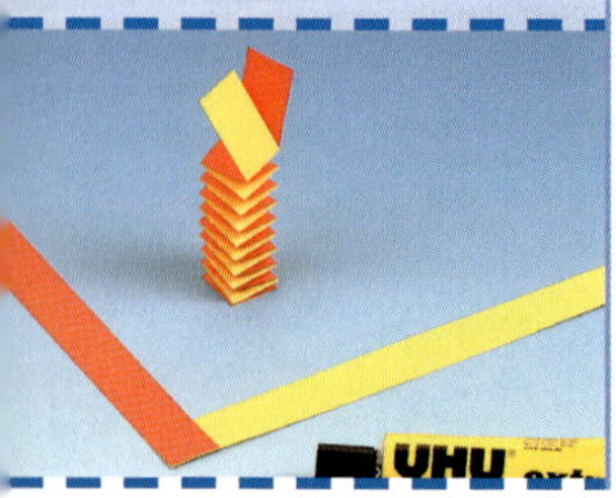

1 Auf den dunkelorangefarbenen Fotokarton das Kleidteil und zweimal die Arme übertragen und ausschneiden. Das vorgezeichnete Loch für den Besen mit spitzer Schere ausschneiden.

2 Aus dem hautfarbenen Fotokarton zweimal die Hände und einmal das Gesicht, aus dem roten Tonpapier zweimal das Kopftuch und aus dem hellorangefarbenen Tonpapier zweimal die Füße ausschneiden.

3 Für die Flecken kleinere und größere, unregelmäßige Rechtecke schneiden und teilweise mit schwarzem Fineliner Punkte, Wellen oder Sternchen aufzeichnen. Damit das Kleid, die Kopftücher und die Ärmel bekleben (Achtung: Kopftücher und Ärmel einmal seitenverkehrt fertigen) und mit schwarzen Strichen Nahtstiche aufmalen. Das Kleid zum Kegel rollen und an den Enden zusammenkleben. Die Spitze ca. 5 mm abschneiden.

4 Auf die beiden Gesichtshälften die Augen mit schwarzem und den Mund mit rotem Fineliner aufzeichnen, mit dem roten Buntstift Nasenspitze und Wangen leicht färben. Die fertigen Kopftuchteile am oberen Teil und die Tuchspitzen mit Alleskleber betupfen. Auf beide Seiten des Kopfes kleben und auf die links und rechts ca. 2 cm weit eingeschnittene Kegelspitze setzen, sodass die Nase etwas nach oben zeigt. Wenn der Alleskleber getrocknet ist, innen unten Alleskleber auf das Kopftuch geben und vorsichtig am Kleid fixieren und vorne an den Spitzen am Kinn zusammenführen.

5 Für die Beine je zwei Streifen, 1,5 cm breit und 30 cm lang, aus hellviolettem Tonpapier und zwei Streifen aus hellorangefarbenem Tonpapier, 2,5 cm breit und 33 cm lang, schneiden. Aus je einem violetten und einem orangefarbenen Streifen Hexentreppen falten, siehe Schrittfoto.

6 Dabei je einen Strang einer Farbe im Winkel aufeinander kleben, die Streifen im Wechsel übereinander falten, bis der helllilafarbene Streifen aufgebraucht ist. Hier nochmals die Streifen aneinander kleben und mit dem orangefarbenen Reststück links und rechts vom Besenloch innen an die Kleiderwand mit Alleskleber fixieren, sodass die Beine schön herausschauen. Die Hexentreppen etwas in Form ziehen und die Schuhe unten aufkleben.

7 Für den Besen feine Zweigstückchen an das Ende des langen Stockes mit Bast festbinden und verknoten. Den Besen durch das Kleiderloch stecken und das Ende der feinen Zweige an die Naht des Kleides kleben. Gut festdrücken und halten, bis der Alleskleber angetrocknet ist.

8 Die Hände innen an die Arme kleben und an den Schultern links und rechts bis zur Armbeuge mit Alleskleber fixieren. Drücken, bis es fest ist. Die Hände zum Stock führen, dort die beiden Seiten ankleben. Zusammendrücken, bis es hält. Hierbei evtl. eine Wäscheklammer zum Halten nehmen.

9 Eine Elastik-Kordel oben am Kopftuch anknoten, damit die Hexe schön wippt.

Anwendungs-Tipp

Hübsch sieht es aus, wenn mehrere Hexen als Mobile gestaltet werden. Dabei eine Hexe in Blautönen, eine in Grüntönen, in Gelbtönen usw. basteln. Das gibt eine richtige Walpurgisnacht!

Spinne

→ für Halloween

MOTIVHÖHE
ca. 6 cm

MATERIAL
- Eierkarton
- 4 Chenilledrähte in Schwarz, je 25 cm lang (für je zwei Beine ein Stück)
- Acrylfarbe in Schwarz
- 2 Selbstklebepunkte in Gelb, ø 1,2 cm
- dünner Papierrest in Grün, ca. 4 cm x 4 cm
- Buntstifte in Weiß und Rot

VORLAGE SEITE 79

1 Aus dem Eierkarton ein Fach herausschneiden, mit schwarzer Farbe bemalen und trocknen lassen.

2 Auf zwei Selbstklebepunkte mit schwarzem Filzstift Augen aufmalen und auf den Körper kleben. Das grüne Papierstückchen knüllen und als Nase mit Alleskleber fixieren. Den Mund mit weißem Buntstift als Zacken aufmalen. Mit rotem Buntstift die Wangen gestalten.

3 Den Chenilledraht jeweils für zwei Beine in Form biegen, siehe Skizze. Die Teile sternförmig legen und mit einem kleinen Stück Chenilledraht in der Mitte abbinden. Acht kleine, keilförmige Stücke rund um den schwarzen Körper unten einschneiden, die Spinnenbeine einstecken und mit etwas Alleskleber befestigen.

Kerzen

→ mit Herzen

MOTIVHÖHE
ca. 13 cm

MATERIAL
- Stumpenkerzen, ø 8 cm, 13 cm hoch
- Verzierwachsplatten in Rot, Gelb, Grün und Pink, 1 mm stark, 10 cm x 10 cm
- schimmernde Perlen in Lila, ø 3 mm
- Glittersternchen in Gold, ø 6 mm und 1,1 cm

VORLAGE SEITE 80

1 Die Herzen auf die Rückseite der Wachsplatten übertragen und ausschneiden.

2 Falls gewünscht, kleine Zierperlen oder Glittersternchen fest eindrücken.

3 Das Papier vorsichtig abziehen und fest auf die hierfür vorgesehene Stelle der Kerze aufdrücken. Finger oder Handballen noch etwas auf dem Motiv lassen, damit sich die Herzen durch die Handwärme besser mit dem Untergrund verbinden.

Anwendungs-Tipp

Verzierte Kerzen eignen sich prima als Geschenk für Muttertag, Weihnachten oder Geburtstag. Man kann sich damit natürlich auch selbst beschenken.

Bunte Sterne

→ gefaltet

MOTIVHÖHE
ca. 21 cm

MATERIAL
- je 1 Faltblatt in Hellblau und Blau bzw. Orange und Pink, 15 cm x 15 cm
- evtl. Nähnadel und Nähgarn zum Aufhängen

1 Für jeden Stern zwei Faltblätter in unterschiedlichen Farben auswählen.

2 Nach Skizze zwei Faltsterne herstellen. Immer von unten nach oben falten.
Das Blatt zweimal diagonal und zweimal waagrecht falten (siehe Skizze A).

3 An den geraden Seiten die gefalzte Linie bis zu gut einem Viertel einschneiden (siehe Skizze B).

4 Die eingeschnittenen Seiten links und rechts zum Diagonalbruch falten, so dass an allen vier Seiten eine Strahlenspitze entsteht (siehe Skizze C).

5 Jeden Stern an den schon eingeschnittenen Faltlinien ganz durchschneiden, sodass vier kleine Drachen entstehen (siehe Skizze D).

6 Die einzelnen Drachen an der kurzen Spitze am Mittelbruch aneinander kleben. Dabei die beiden Farben immer abwechseln (siehe Skizze E).

7 Mit Nähnadel und Nähgarn einen Aufhänger anbringen.

Variations-Tipp

Aus Transparentpapier gemacht sehen die Sterne auch gut als Fenstersterne aus. Man kann nach den Faltgängen die vier Quadrate für die Drachen abschneiden und die Spitzen einzeln falten.

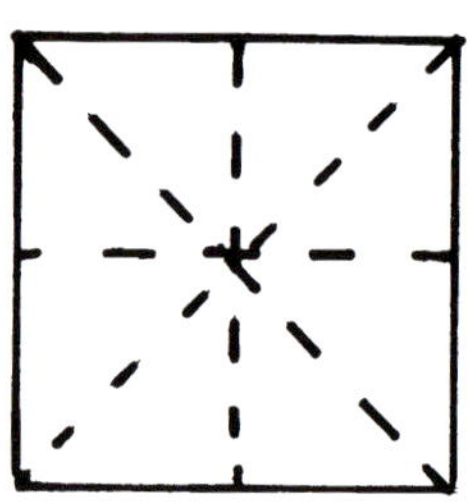
A

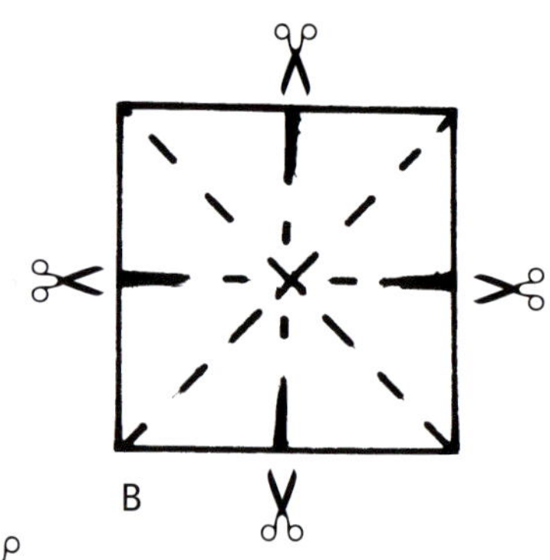
B

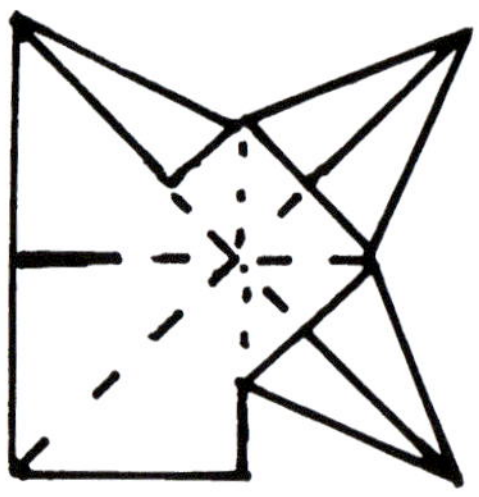
C

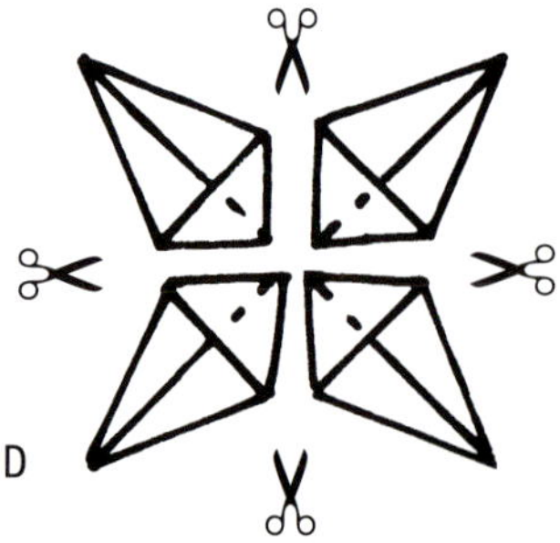
D

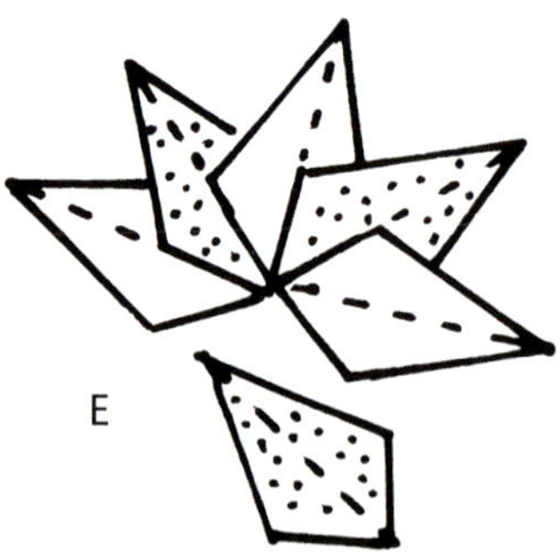
E

Sternenzauber

→ Karten und Geschenkpapier

MOTIVHÖHE
ca. 19 cm (Karte)

MATERIAL
- Fotokarton in Gelb, Orange und Rot (Karten), A3
- Geschenkpapier in Gelb (Geschenkpapier)
- Acryl- oder Aquarellfarben in Rot, Orange und Ocker
- Aluminiumfolie in Gold
- flaches Metallspritzsieb, 8,5 cm x 13,5 cm, oder feines Teesieb
- alte Zahnbürste
- evtl. Motivlocher: Stern
- Glas mit Wasser
- Universalpapier, A4

VORLAGE SEITE 73

1 Ein Stück Fotokarton in der Größe 20 cm x 40 cm in der Mitte zusammenfalten und den großen Stern so übertragen, dass zwei Spitzen ca. 5 mm kürzer aufgezeichnet werden. An dieser Stelle wird die Sternenkarte später aufgeklappt. Den Stern doppelt ausschneiden.

2 Vor dem Siebdruck den Tisch gut mit Zeitungspapier abdecken.

3 Von den kleinen Sternen jeden Stern ca. zweimal ausschneiden, die Hälfte auf dem großen Stern verteilen.

4 Die Farbe mit viel Wasser anrühren und mit der Zahnbürste auf das Sieb geben. Die Bürste so lange auf dem Sieb auf und ab oder im Kreis bürsten, bis viele kleine Farbtupfen die Karte gut sichtbar einfärben. Trocknen lassen. Vorsicht! Wenn Farbe neu aufgetragen ist, gibt es oft Patzer auf der Karte, deshalb das Sieb öfter umdrehen.

5 Die restlichen Sternchen auf die Karte legen. Mit der gleichen oder einer anderen Farbe genauso verfahren wie links beschrieben. Trocknen lassen.

6 Die kleinen Sternchen abnehmen. Die Farbe darunter ist geblieben. Aus dem Goldpapier kleine Sterne ausschneiden oder mit einem Motivlocher auslochen und mit Klebestift ebenfalls auf die Sternenkarte kleben. Mit den Goldsternchen lassen sich gut verkleckste Stellen abdecken.

7 Für das Geschenkpapier gelbes, unifarbenes Geschenkpapier verwenden. Beim Siebdruck genauso verfahren wie bei den Karten, nur hierzu auch die anderen Sternenvorlagen mit verwenden. Bei dem großen Papier immer Teilbereiche bearbeiten, die fertigen Bereiche mit Universalpapier abdecken. Dadurch entsteht nebenbei ein schöner Effekt mit geraden Linien auf dem Papier.

Bastel-Tipp

Die fertigen Karten einen Tag in ein dickes Buch legen, dann werden die Sternenkarten wieder schön flach.

HINWEIS Manche Vorlagen hier im Buch wurden verkleinert. Diese Vorlagen bitte einfach mit dem angegebenen Vergrößerungsfaktor im Kopiergeschäft kopieren und dann diese Kopien wie normale Vorlagen nutzen.

Piratenfloß
SEITE 28

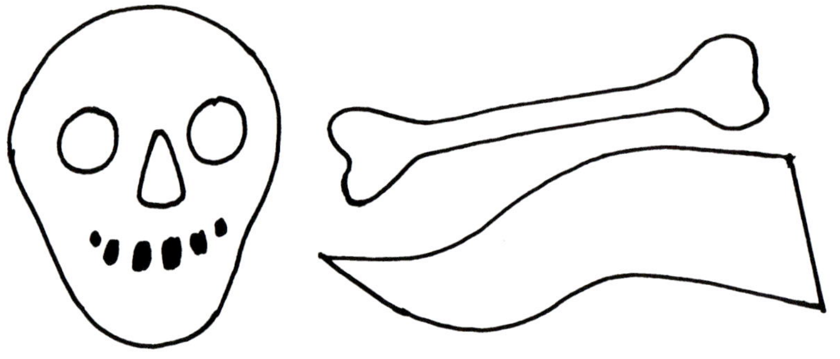

Gefilzte Täschchen
SEITE 21
Taschenschablone

Tierische Stifteboxen
SEITE 8

Zauberstab

SEITE 15

Traumhaus

SEITE 17

bitte auf 150 % vergrößern

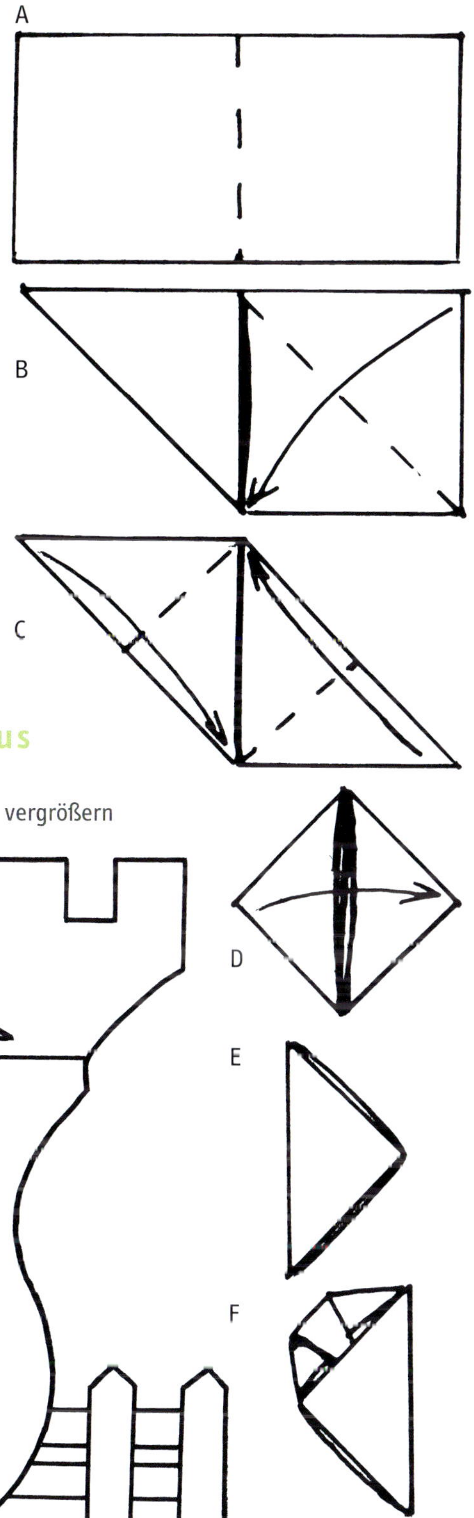

Zauber-tüte

SEITE 15

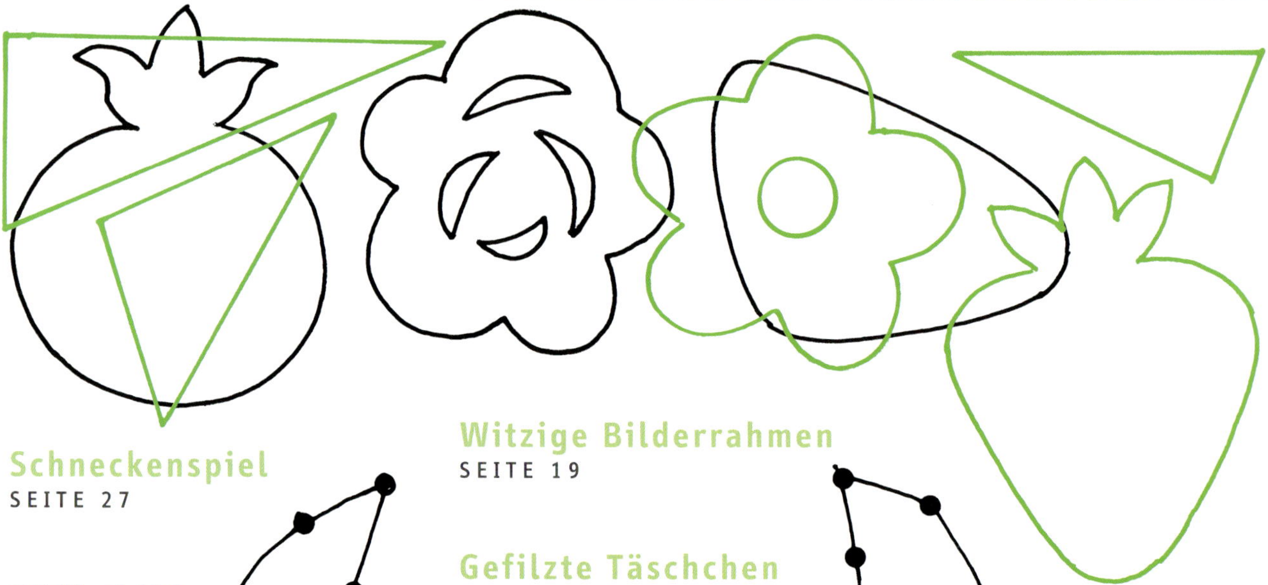

Schneckenspiel
SEITE 27

Witzige Bilderrahmen
SEITE 19

Büffelbild
SEITE 35

Gefilzte Täschchen
SEITE 21

bitte auf 200 % vergrößern

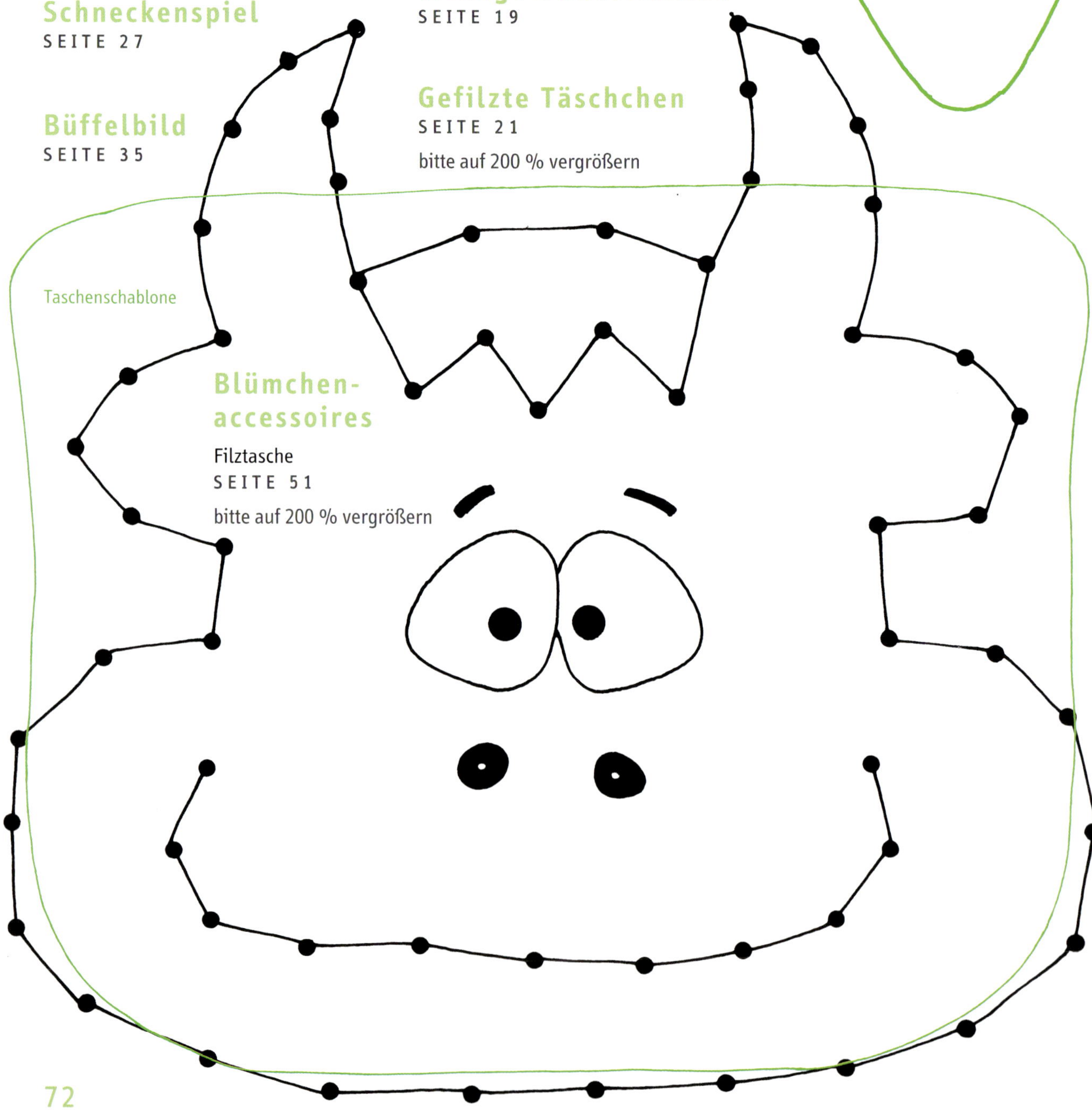

Blümchen-accessoires
Filztasche

SEITE 51

bitte auf 200 % vergrößern

Fußballspiel
SEITE 37

Gestreifte Clowns
SEITE 23

Sternenzauber
SEITE 69

Auto
SEITE 31

Rakete
SEITE 31

Rakete
SEITE 31
bitte auf 160 % vergrößern

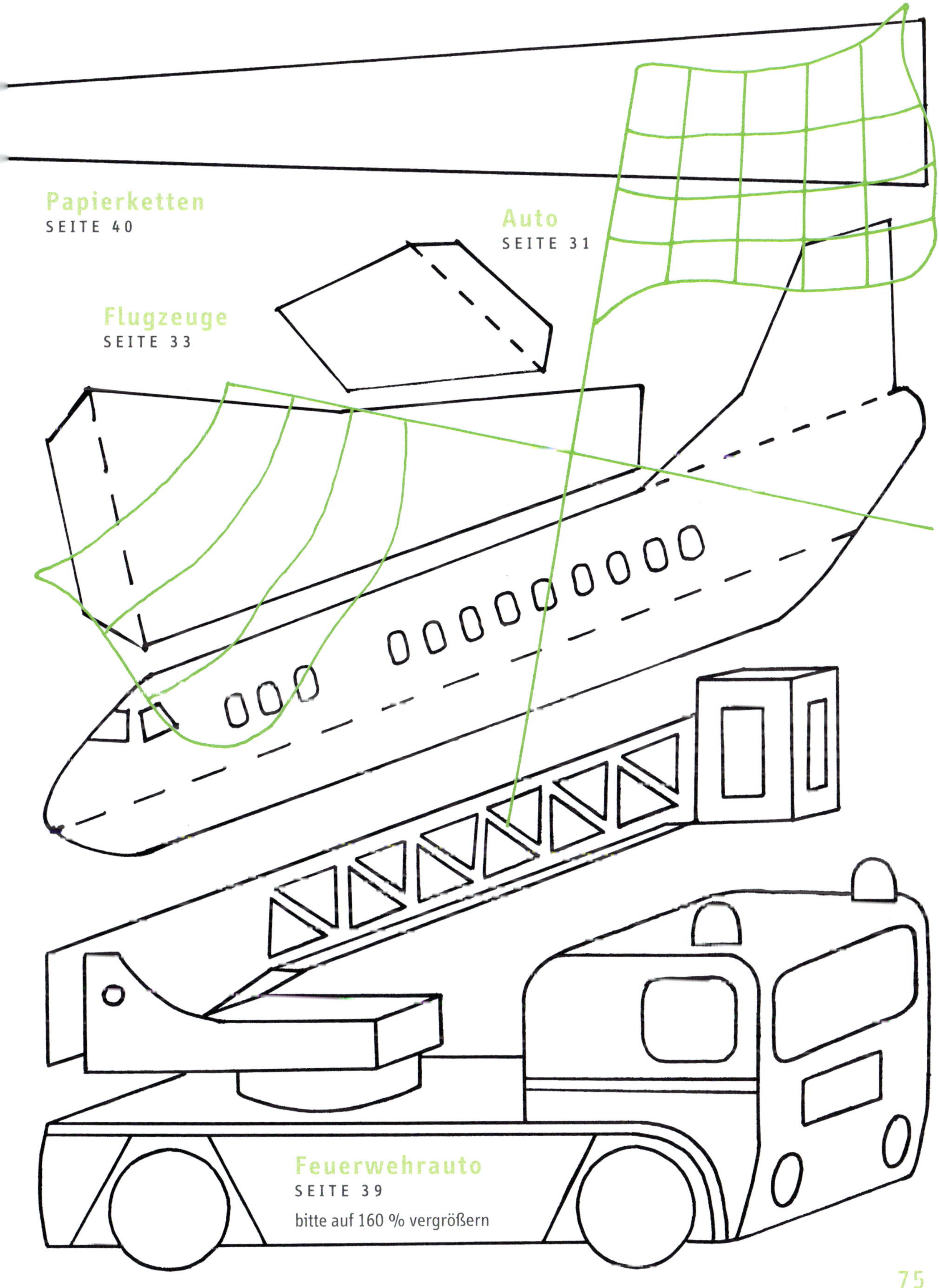

Papierketten
SEITE 40

Auto
SEITE 31

Flugzeuge
SEITE 33

Feuerwehrauto
SEITE 39
bitte auf 160 % vergrößern

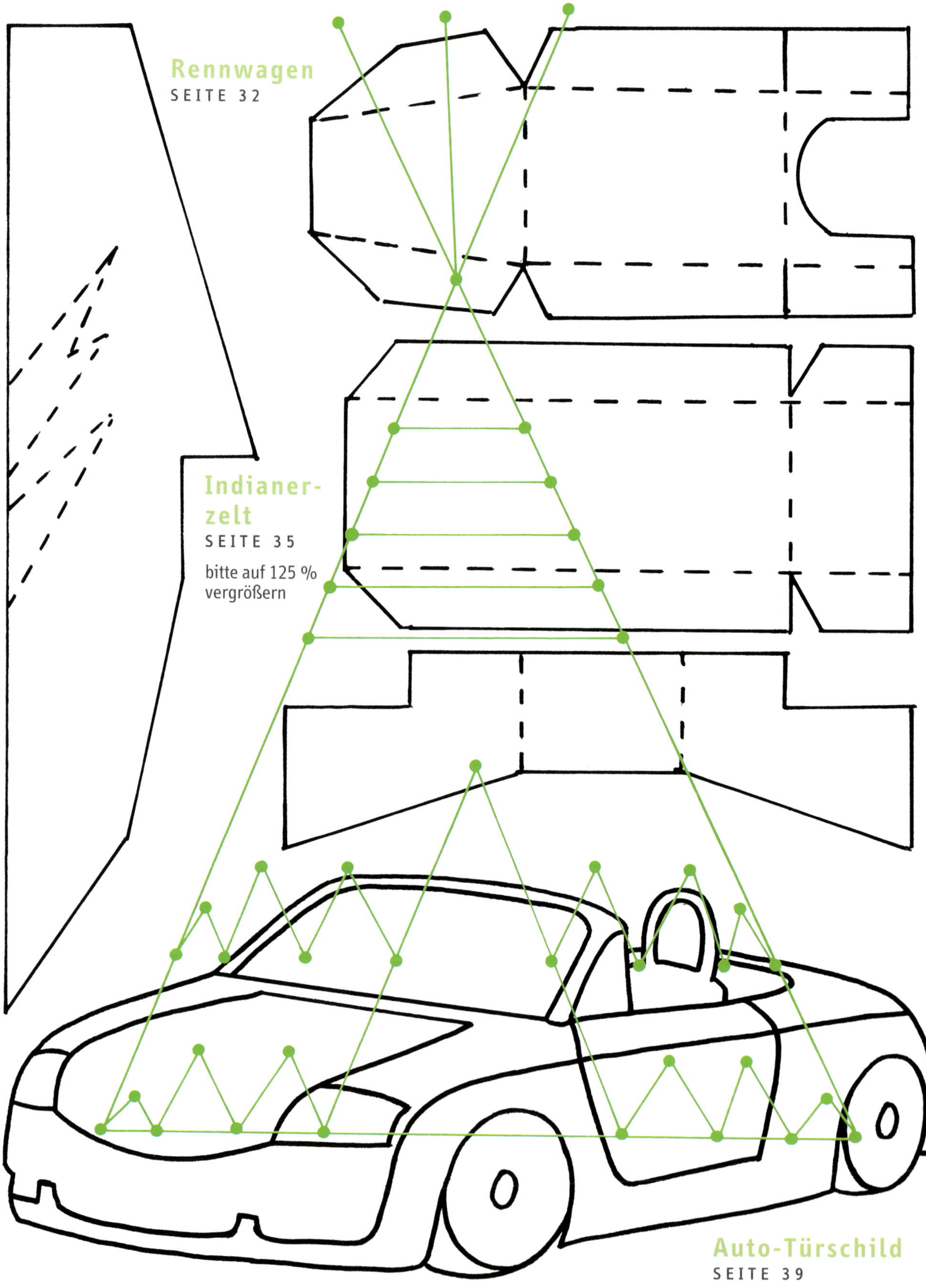

Rennwagen
SEITE 32

Indianer-zelt
SEITE 35

bitte auf 125 % vergrößern

Auto-Türschild
SEITE 39

bitte auf 125 % vergrößern

Osterkarten
SEITE 54

Schmetterling
SEITE 49

bitte auf 120 % vergrößern

Blümchen-accessoires
Haargummis

SEITE 51

Leuchtturmlaterne

SEITE 61

bitte auf 150 % vergrößern

Osterkarten

SEITE 54

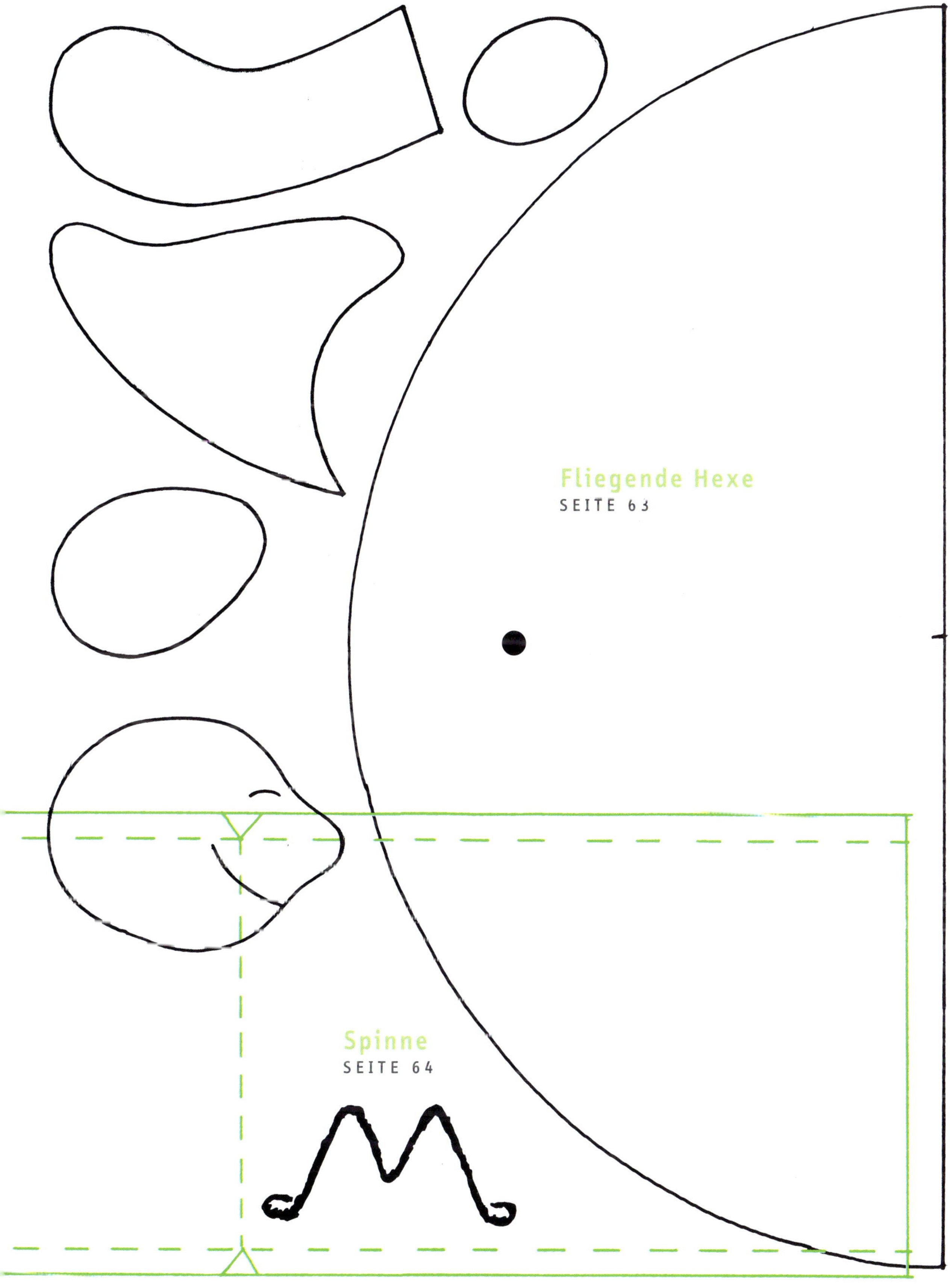

Fliegende Hexe
SEITE 63

Spinne
SEITE 64

Filzwindlichter
SEITE 57

Pferdchen
SEITE 49

bitte auf 150 % vergrößern

Farbenfrohe Filztäschchen
SEITE 47

Schlingstich

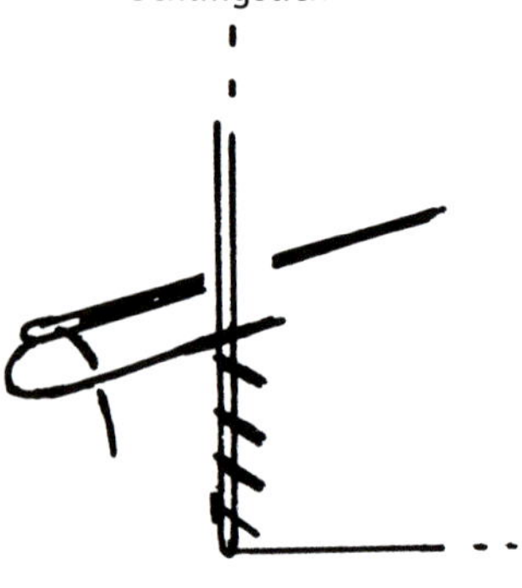

Kerzen
SEITE 65

IMPRESSUM

MODELLE: Petra Dechêne (Seite 11, 21, 24/25, 51, 57), Birgit Hertfelder (Seite 52/53), Christoph Illing (Seite 17, 39), Anja Ritterhoff (Seite 13, 31, 35, 49), Eva Sommer (Seite 8, 15, 19, 23, 27, 28, 32, 33, 36/37, 40, 43, 45, 47, 54, 59, 61, 63, 65, 67, 69)

FOTOS: frechverlag GmbH, 70499 Stuttgart; Fotostudio Ullrich & Co., Renningen

DRUCK UND BINDUNG: Finidr s.r.o., Cesky Tesin, Tschechische Republik

Auflage: 5. 4. 3. 2. 1.
Jahr: 2010 2009 2008 2007 2006 [Letzte Zahlen maßgebend]

ISBN 10: 3-7724-5249-3
ISBN 13: 978-3-7724-5249-9
Best.-Nr. 5249